Claudia Hofrichter ¦ Matthias Ball

WIR MÖCHTEN, DASS UNSER KIND GETAUFT WIRD

Taufe verstehen und feiern

Elternbuch

Kösel

LIEBE MÜTTER UND VÄTER,
LIEBE PATINNEN UND PATEN

Die Geburt Ihres Kindes hat Ihr Leben grundlegend verändert. Der gesamte Alltag ist anders geworden. Die Umstellung auf das Leben mit Ihrem Baby erfordert viel Zeit, Geduld und Kraft. Selbst einfachste Handgriffe und Routinearbeiten müssen jetzt mit den Bedürfnissen eines Neugeborenen in Einklang gebracht werden. Freude, oft überraschende und beglückende Erfahrungen, aber auch Müdigkeit und Erschöpfung prägen die ersten Wochen nach der Geburt. Von solchen Erfahrungen erzählt dieses Buch.

Die Erfahrung der Geburt und die Verantwortung für das Leben Ihres Kindes führen mitten in das Geheimnis des Lebens: So möchten viele Mütter und Väter, dass ihr Kind unter dem Segen Gottes steht, und bringen es zur Taufe. Denn in der Taufe feiern Christen, dass Gott jeden Menschen liebt und ihn annimmt. Vielleicht haben auch Sie schon überlegt, Ihr Kind taufen zu lassen. Ob die Taufe in den nächsten Monaten gefeiert wird oder erst später, können Sie in Ruhe entscheiden. Viele Eltern haben Fragen zum Glauben und wollen sie zunächst klären, bevor sie ihr Kind zur Taufe bringen. Möglicherweise haben Sie Vorbehalte gegen die Kirche. Schlechte Erfahrungen in der Kindheit oder mangelnde Glaubwürdigkeit der Institution »Kirche und ihrer Vertreter« haben bei Ihnen zur Distanz zur Gemeinde geführt. Vielleicht fürchten Sie, vereinnahmt zu werden, oder Sie möchten Ihrem Kind – im Blick auf die eigene Zukunft – mehr Entscheidungsspielraum lassen. Bei konfessionsverbindenden Partnerschaften ist mit der Entscheidung für die Taufe auch die Frage verbunden, welcher Kirche Ihr Kind angehören soll. All das sind gute Gründe, der Geburt und ihrer Bedeutung für Sie als Familie aufmerksam zu begegnen. Am Ende ist es Ihre Entscheidung, ob Sie sich für die Taufe entscheiden und damit für die Zusage Gottes, jeden Menschen anzunehmen.
Mit Bildern und Texten zu dieser Lebensphase und einer Darstellung der gesamten Tauffeier will Sie dieses Buch bei Ihren Überlegungen anregen. Sie können

entdecken, was die Taufe Ihres Kindes bedeutet. Immer wieder stoßen Sie auf Impulse, wie Sie die Feier selbst mitgestalten können. Dadurch können Sie zusammen mit den Paten Ihrem Tauffest eine individuelle Note geben.

Nehmen Sie rechtzeitig Kontakt mit dem Pfarramt auf und erkundigen Sie sich, wie die Taufe in Ihrer Gemeinde vorbereitet und gefeiert wird. Das Taufgespräch mit dem Pfarrer oder Diakon hat sich in seiner Form weiterentwickelt: So gibt es zahlreiche Gemeinden, die die Eltern der Täuflinge – wenn möglich auch Patinnen und Paten – zu zwei bis drei Gesprächen in kleinen Gruppen einladen und so einen aufmerksamen Weg der Taufvorbereitung ermöglichen.

Möglicherweise wird Ihnen in Ihrer Gemeinde ein längerer Weg der Taufvorbereitung angeboten. Besonders dann, wenn Sie als Eltern und Paten anlässlich der Taufe Ihres Kindes sich Ihres eigenen Glaubens vergewissern möchten, kann dies für Sie sinnvoll sein. Sie werden sich dann über längere Zeit mit anderen Eltern treffen, um Ihre Themen rund um den Glauben und Ihre Fragen zu Christsein und Kirche zu klären. Denkbar sind auch andere Möglichkeiten der Vergewisserung. Sie werden in diesem Buch beschrieben. Für Sie beginnt dieser Weg dann mit einer Feier, in der Sie Ihr Kind Gott anvertrauen. Dieser intensive Weg der Taufvorbereitung findet seinen Höhepunkt in der Feier der Taufe Ihres Kindes. Für jeden der beiden möglichen Taufvorbereitungswege will Ihnen dieses Buch Anregung sein und Sie dabei begleiten.

Wir wünschen Ihnen, den Paten, Ihren Familien und Freunden eine erlebnisreiche und schöne Taufe!

Claudia Hofrichter
Matthias Ball

UNSER KIND IST GEBOREN

DIE ERSTE STUNDE

So lange wie ich leben mag,
Werd ich die Stunde und den Tag,
Den Augenblick vor Augen haben,
Da sie dich mir winzig und warm,
Zum ersten Mal in meinen Arm,
Und in mein Herz zu schließen gaben.
Für einen Augenblick lang war
Mir das Geheimnis offenbar,
Warst du die Antwort auf alle Fragen,
Vom Sinn und Widersinn der Welt,
Die Hoffnung, die uns aufrechthält,
Trotz all der Müh'n, die wir ertragen.

Kein Dutzend Atemzüge alt
Und hattest doch so viel Gewalt
Und alle Macht über mein Leben.
So lang schon deinen Platz darin,
Und du vermochtest, ihm den Sinn
Zu nehmen oder neu zu geben.
Noch nie zuvor im Leben war
Mir unsre Ohnmacht so klar:
Wir können nur hoffen und bangen,
Da stehn wir hilflos herum
Und taugen zu nichts, als nur stumm
Dies Geschenk dankbar zu empfangen.

So hielt ich dich, sie war vollbracht,
Die lange Reise durch die Nacht
Vom hellen Ursprung aller Dinge.
Hab ich geweint oder gelacht?
Es war, als ob um uns ganz sacht
Ein Schicksalshauch durchs Zimmer ginge.
Da konnte ich die Welt verstehn,
Dem Leben in die Karten sehn
Und war ein Teil der Schöpfungsstunde.
Einmal im Leben sah ich weit
Hin über unsre Winzigkeit,
In die endlose Weltenrunde.

Reinhard Mey

Die Geburt eines Kindes, vor allem des ersten, verändert so gut wie alles im Leben seiner Eltern. Nach der heute üblichen Definition – Familie ist, wo Kinder sind – bilden Mutter und Vater mit dem Neugeborenen eine Familie. Dies gilt, ganz gleich, ob Frau und Mann ehelich zusammenleben oder nicht, ob der Mann zu diesem Kind und seiner Mutter Ja sagt oder nicht, ob dieses Kind der lang ersehnte Nachwuchs ist oder nicht. Bei der Geburt wird die Einheit von Mutter und Kind – die Nabelschnur ist das Symbol dafür – getrennt. Das Kind wird damit zu einem selbstständigen Lebewesen. Dennoch bestehen die Bindungen von Mutter, Vater und Kind weiter. Diese Bindung »Familie« bleibt auch dann erhalten, wenn die Eltern des Kindes sich später trennen. Ein Kind schafft lebenslang bleibende Bindungen.

Eltern-Kind-Beziehungen verändern sich

Ein Neugeborenes ist einerseits selbstständig. Sobald die Nabelschnur durchtrennt ist, kann es atmen, trinken, sich bewegen, schreien, schauen, nimmt Eindrücke und Bilder seiner Umgebung auf. Gleichzeitig ist es auf Schutz und Fürsorge angewiesen. Dieses Ungleichgewicht verändert sich im Laufe seines Lebens. Am Ende kann es sich sogar ins Gegenteil umkehren, wenn die Eltern in ihrem Alterungs- und Sterbeprozess auf die Fürsorge und die Unterstützung ihres Kindes angewiesen sind.

Geschlechter-Rollen werden neu gemischt

Aus Mann und Frau im Miteinander werden Vater und Mutter für das Kind. Diese Rollenveränderung beziehungsweise dieser Rollenzuwachs trifft in aller Regel die Mutter mehr als den Vater. So sehr ein Paar partnerschaftlich die Aufgaben in Beruf und Haushalt aufgeteilt hat, mit dem ersten Kind wird diese Rollenaufteilung fundamental infrage gestellt. Die Gesetze des Marktes fordern im Berufsleben die »ganze Frau« oder den »ganzen Mann«. Solange der »ganze Mann« in der Regel einen höheren Verdienst und andere Aufstiegschancen hat, bleibt vielfach zumindest zunächst die »ganze Frau« zu Hause. Hartnäckig hält sich auch der Eindruck, dass die Mutter besser für das Kind sorgen kann. So bleibt auch ihr die Aufgabe, trotz aller Emanzipation, Frauenförderung oder Frauenquote, sich um ein entsprechendes Betreuungsmodell zu kümmern, wenn sie wieder arbeiten möchte. Spätestens bei der Lebenswende Geburt holt die Frage nach der Rollenverteilung das Paar wieder ein.

Das Kind bestimmt das Leben

Die Mutterrolle bindet die Frauen stark an ihr Baby. Ihr Leben wird zunehmend vom Still-Rhythmus des Säuglings und dem Aktionsradius des Kinderwagens bestimmt. Das Kind ist nämlich immer dabei. Es gibt in der Anfangsphase kaum einen Handgriff, bei dem die Mutter das Kleine nicht auf dem Arm hat. Anders lassen sich viele Anforderungen des täglichen Lebens nicht mehr erledigen. Der Mann dagegen lebt durch die Arbeit weiter in seiner Welt, bekommt dafür aber nur wenig vom Kind bzw. der Mutter-Kind-Beziehung mit. Er kann sich vielfach erst am Abend und am Wochenende um den Nachwuchs kümmern, den Säugling versorgen, mit ihm spielen oder ihn ins Bett bringen. Das Ungleichgewicht zeigt sich oft darin, dass sich einerseits die Mütter überfordert fühlen und von ihren Männern mehr Unterstützung erhoffen. Andererseits zeigen die Väter mitunter Formen von Eifersucht gegenüber der Mutter-Kind-Beziehung. Das Glück hat einen Namen – dieser Satz von Geburtsanzeigen beschreibt die große Freude von Eltern. Er verschweigt, dass es daneben auch anstrengende Seiten im Zusammenleben von Müttern, Vätern und ihrem Kind, ihren Kindern gibt.

Gott sagt in der Taufe:
Ich rufe dich bei deinem Namen.

SCHREIEN UND GESTILLTWERDEN

Sobald einem Kind etwas fehlt, schreit es. Vor allem schreiend, so nehmen Mütter und Väter ihr Kind in den ersten Wochen wahr. Wo Schreien Hunger bedeutet, wird das Kind gestillt. Dabei sind Mütter und Kinder meist so aufeinander einge-spielt, dass in wechselseitigem Rhythmus bei der Frau die Milch einschießt und das Kind etwa in demselben Zeittakt auch trinken muss. Das Bedürfnis des Kin-des nach Nahrung und der Stillwunsch der Mutter bilden eine von der Natur eingerichtete Einheit.

Ein Kind schreit, weil es noch nicht sprechen kann

Doch Schreien steht für wesentlich mehr. Neben Hunger kann das Kind auch Durst haben. Blähungen quälen Magen und Darm. Die Windel ist nass oder das Liegen auf Rücken oder Bauch unangenehm. Das Baby fühlt sich verlassen und hat Angst. Es hat geträumt oder ein Geräusch hat es erschreckt. Vielleicht sucht es auch einfach nur Unterhaltung oder Ansprache. Es möchte die vertrauten Ge-sichter sehen, Stimmen und Körperwärme spüren. Solange das Neugeborene all seine Bedürfnisse noch nicht genauer auszudrücken vermag, kann das Schreien vieles bedeuten. Mütter und Väter brauchen einiges an Fantasie, um herauszu-finden, was dem Kind fehlt und wie sie seine Bedürfnisse stillen können. Stillen bedeutet Umsorgen und Rund-um-die-Uhr-da-Sein für das Kind. Ganz gleich, aus welchen Gründen und zu welcher Zeit die Mütter »abstillen«, Dasein für das Kind ist unbedingt angesagt.

Vom Schrei nach Liebe

Schreien und Gestilltwerden verändern sich mit zunehmendem Alter. Die Kinder können nach einem halben Jahr bereits recht gut und differenziert signalisieren, was sie möchten. Und Mütter und Väter »verstehen« immer besser, was ihr Kind braucht. In beiden Verhaltensweisen ist bereits ein Grundakkord menschlichen Lebens angeschlagen.

Das klagende, oft auch nervige Schreien wandelt sich langsam zur Sehnsucht, zum Wünschen und Begehren, zum Haben- und Besitzenwollen. Uns Menschen haftet dieser »Schrei nach Liebe« zeitlebens an. An das Stillen ist die Hoffnung geknüpft, dass mich etwas im Leben zufriedenstellt: zunächst die Nahrung durch die Mutter, dann vertraute Gesichter und Personen, später Kuscheltiere oder Spielsachen aus der Umgebung des Kindes und im Laufe eines langen Lebens immer wieder Neues, anderes, immer wieder mehr.

Es muss doch mehr als alles geben

Wo Mütter und Väter die Sehnsucht ihrer Kinder spüren und gleichzeitig immer wieder befrieden, da erfüllen sie eine zutiefst religiöse Funktion; sie sind gleichsam wie ein Wegweiser in Richtung Gott für das Kind. Richten sich nicht letztlich auf Gott, den Allmächtigen und Allgegenwärtigen, die schreienden Sehnsüchte der Menschen? Und wer anders als Gott könnte tatsächlich die »maßlosen Wünsche« von uns Menschen erfüllen?

Im Alten Testament wird das Verhältnis von Mensch und Gott bereits in der Spannung von Schreien und Erhören – das meint ja »Stillen« – beschrieben: Gott hat das Schreien des Volkes Israel in Ägypten gehört, sein Klagen hat ihn erreicht; Gott macht sich auf – genauso wie Eltern es für ihr Kind tun –, das Volk zu trösten und zu befreien (vgl. Exodus 3,7). Der gesamte Weg durch die Wüste gleicht einer Zeit des Aneinander-Gewöhnens von Gott und Volk, von Eltern und Kind. Es geht darum, Nahrung zu geben, zugegen zu sein, Ängste auszuhalten, zu beschützen, wegweisend zu sein, Lebensräume zu eröffnen und letztlich in Freiheit ziehen zu lassen. Wer mag da genau sagen, ob nur von der Erfahrung von Eltern und Kindern oder von der Weggemeinschaft Gottes mit seinem Volk die Rede ist?

11

Dasein für ein Kind, sich ständig vom Schreien aus einer Tätigkeit, aus einem Gespräch, aus dem Schlaf herausreißen zu lassen, das heißt immer nur »halb« bei einer Sache oder einem Menschen zu sein, weil die andere Hälfte beim Kind ist. Das kostet Kraft. Das geht an die Nerven und die Substanz, vor allem der Mutter. Auch Eltern könnten oft genug schreien, nach einer Hand mehr, nach Hilfe, nach Ruhe. Eltern brauchen und suchen deshalb Entlastung. Dabei kann sehr tröstlich sein, wenn sie spüren, dass nicht alles, was aus diesem Kind wird, von ihnen allein abhängt. Eltern können ihr Kind nicht vor allem bewahren und sind auch nicht für alles verantwortlich. Genau diese Entlastung bietet die Taufe an. Sie schwingt mit in dem Taufwunsch, dass das Kind unter dem Schutz Gottes steht. Mit der Taufe wird ausgedrückt, dass die Geburt und das Leben eines Menschen ein großes Geheimnis und Wunder sind. Gott selbst, der Urheber allen Lebens, kümmert sich um dieses Leben. Die Taufe verdeutlicht, dass ER das Schreien der Menschen hört, sich der Menschen annimmt und sich ihnen zuwendet.

Gott sagt in der Taufe:
Wann immer du schreist,
ich erhöre dich.

MEIN KIND

Wie niemand auf der Welt
bist du mir nah.
Du bist ein Teil von mir,
geboren aus meinem Schoß – ein Wunder.

Und doch bist du mir Geheimnis,
wie niemand sonst auf der Welt.
Herangewachsen in mir,
ohne dass ich dich sah,
in meinen Arm gelegt
bist du mir vertraut von jeher.

Festhalten kann ich dich nicht, mein Kind.
Der ersten Trennung werden viele folgen,
schmerzvoll wie diese.

Doch solange du kommst,
will ich dich wie heute mit offenen Armen empfangen.

Grit Ball

WASCHEN UND REINWERDEN

Jedes Kind wählt seinen ganz eigenen Weg des Geborenwerdens. So sehr sich die Mutter, der Vater, die Hebammen und Ärzte bemühen, den Geburtsvorgang zu unterstützen, jedes Kind bestimmt selbst die Art seiner Geburt. So erblicken Kinder das Licht der Welt mal stumm, mal schreiend, mal ganz gepresst und verschrumpelt, mal glatt und zart. Die einen sind voller Blut- und Käseschmiere, andere rosig und sauber. Jedes auf seine Art ein Wunder.

Baden und Wickeln – täglich neu

Schön, wenn Kinder direkt nach der Geburt der Mutter auf den Bauch gelegt werden können. So klingt die Einheit aus, die Mutter und Kind während der Schwangerschaft verbunden hat, bis die Nabelschnur durchtrennt wird. Meist trinken die Kinder in dieser Zeit auch das erste Mal an der Brust. Dann wird das Kind gebadet und gewaschen. Nach kurzer Zeit entspannen die Kinder, wenn sie sich im warmen Wasser räkeln. Das erinnert noch sehr an das Dasein in Fruchtwasser und Fruchtblase. Waschen und Wickeln sind die ersten pflegenden Handlungen, mit denen das Neugeborene umsorgt wird. Danach ist das Baby »fertig« und wird der Mutter oder dem Vater in den Arm gelegt.

Das tägliche Baden und Wickeln wird für die Eltern bald Routine und bleibt gleichzeitig zeit- und nervenaufreibend. Die Säuglinge finden daran schnell Gefallen, für sie wird es ein Spiel, in das hinein sie die Eltern verwickeln. Die Eroberung der Welt beginnt am Wickeltisch. Das Kind strahlt, wenn sich das Gesicht der Mutter oder des Vaters über ihm zeigt, die Arme recken sich und wollen etwas ergreifen, die Beine strampeln und suchen reflexartig Widerstand.

Vom Chaos zur Ordnung – ein Leben lang

Baden, Waschen, Säubern oder Reinigen bleiben nicht auf die Säuglingszeit beschränkt. Sauberkeit und eng damit verbunden Ordnung sind dem Menschen grundsätzlich aufgegeben. In Sauberkeit und Ordnung wird die Reinheit als ein Ideal sichtbar, auf das wir in ganz unterschiedlichen Lebensvollzügen Wert legen: Reines Wasser hat eine hohe Bedeutung, reine Seide ist eine besondere Stoffqualität, reines Gold ist beim Schmuck gefragt.

So steckt in der Bemühung um Reinheit gleichsam die Suche nach Vollkommenheit, nach Ganzheit, dem Schönen schlechthin. Unser Leben ist ein täglicher Kampf, aus Chaos Ordnung zu gewinnen; das, was schmutzig geworden ist, wieder rein zu bekommen.

Gott befreit uns von aller Schuld

So wird verständlich, wenn Menschen aus dieser praktischen Erfahrung heraus auch im ethischen Verhalten gut und böse mit Begriffen wie schmutzig oder unrein und sauber oder rein belegen. Gleichzeitig wissen wir, dass Reinheit ein Ideal ist, das der Mensch nie erreicht. Umso mehr wünschen wir, ob nicht wenigstens ganz am Anfang, vor der Geburt, oder am Ende, nach dem Tod, dieses Ideal Wirklichkeit wird. Die biblischen Vorstellungen von einem Schöpfergott, der aus dem Chaos eine geordnete Welt erschafft, und von einem Erlösergott, der von aller Schuld befreit, drücken dies aus.

Der christliche Glaube kennt wie alle großen Religionen ein Wasserritual, das genau diese Sehnsucht bildlich und erfahrungsbezogen darstellt: Die Taufe gilt von Anfang an als das Bad, bei dem Menschen von aller Schuld rein werden. Die Taufe deutet an, dass ein Kind trotz aller Schuld, die es in seinem Leben auf sich lädt, untrennbar mit Gott verbunden bleibt. Sünde und Tod sind ein für alle Mal überwunden.

> Gott sagt in der Taufe:
> Wann immer du schuldig wirst,
> du wirst am Leben bleiben.

KINDER SIND EINE GABE GOTTES

Kinder sind eine Gabe Gottes,
die Frucht des Leibes ist sein Geschenk.
(Psalm 127,3)

Wer wollte das noch glauben,
bei aller Planung und Technik,
mit der Menschen die Welt erobern
und sich selbst dabei nicht ausnehmen?

Was bleibt von all dem Geheimnis,
wenn Genforschung und Pränatalmedizin,
Ultraschall und Fruchtwasserspiegelung
dem Schöpfer in den Arm fallen?

Warum sollten wir für die Geburt eines Kindes
Gott noch dankbar sein?

Und doch – niemals sonst
ist der Mensch so nah
an den Anfängen der Welt.
Niemals sonst ist seine Angst so tief
und sind seine Möglichkeiten so groß
wie mit der Geburt eines Kindes.

Wer wird da nicht still,
wenn sich mit dem ersten Atemzug
das Leben Bahn bricht,
und dann nicht einstimmen in den Jubel –
so wie am Beginn der Schöpfung vor aller Zeit?

Matthias Ball

TRAGEN UND GETRAGENWERDEN

»Was habt Ihr denn getan, wenn eure Kinder unruhig waren?«, fragte mich ein Freund, als er Vater wurde. »Wenn alles nichts mehr genutzt hat, dann haben wir unsere Kinder getragen, wenn es sein musste, stundenlang.« Das galt für alle unsere drei Kinder. Tragen war die wichtigste Tätigkeit. Im Zimmer oder im Flur auf und ab, mal mit Kopf auf der Schulter, mal im Arm liegend: Das hat sich in meiner Erinnerung tief eingeprägt.

Leben mit einem Kind auf dem Arm

Vom ersten Tag an bleibt Müttern und Vätern gar nichts anderes übrig, als ihr Kind zu tragen. Ein Neugeborenes ist noch nicht in der Lage, auf eigenen Füßen zu stehen und sich selbstständig fortzubewegen. Erst nach etwa zwölf Monaten wagt das Kind erste Schritte und beginnt mit dem eigenen Laufen. Bis dahin wird es immer wieder getragen und im Kinderwagen gefahren.

Mit den ersten Schritten und dem Laufenlernen des Kindes hört das Tragen nicht auf. Die Kraft reicht nur für kurze Wege – und auch da kommt es nur langsam voran. Sobald Eltern zeitlich unter Druck sind, z. B. beim Einkaufen, ist schnell die Situation da, wo das Kind ruft: »Mama, Papa, trag mich!« Und für Kinder gibt es kaum etwas Schöneres, als auf Papas Schultern zu sitzen. Sie genießen es, zu reiten und in die Welt zu schauen.

Der Wunsch nach tragfähigen Beziehungen

Die Erfahrung von Tragen und Getragenwerden im ersten Lebensjahr und darüber hinaus wiederholt sich im Zusammenleben der Menschen. Wir alle sind aufeinander angewiesen. Das Zusammenleben in der Familie, in der Nachbarschaft, in den vielen Gruppen und Vereinen, in der Gesellschaft insgesamt gelingt nur, wenn wir einander tragen und ertragen. Tut es nicht gut – nicht nur dem Kind,

18

sondern auch den Eltern –, darauf vertrauen zu dürfen, dass andere um mich wissen, dass ich anderen nicht gleichgültig bin, dass sie mich unterstützen, dass sie meine Kraft mit ihrer Kraft ergänzen? Von daher verstehen wir die tieferen Fragen: Wer oder was trägt mich letztlich? Die Antworten darauf sind nach den Gesetzmäßigkeiten dieser Welt allein nicht zu finden. Auch die Erfahrungen von Tragen und Getragenwerden sind ein Fingerzeig auf Gott hin. Christen sind davon überzeugt, dass Gott die Welt in seiner Hand hält und trägt.

Gott trägt jede und jeden – wie ein Adler seine Jungen

Das Volk Israel hat die schützende und bergende Hand Gottes immer wieder erfahren. Nach dem Auszug aus Ägypten und dem langen Weg durch die Wüste erinnert Gott das Volk an diese Erfahrung:

»Ihr habt gesehen, was ich den Ägyptern angetan habe, wie ich euch auf Adlerflügeln getragen und hierher zu mir gebracht habe« (Exodus 19,4).

Diese Aussage ist aus der Beobachtung, wie Adler ihren Jungen das Fliegen beibringen, entstanden: Adler werfen ihre Jungen, wenn sie flügge sind, aus dem Nest. So sind die Jungen gezwungen, ihre Flügel zu benutzen. Doch die Adler überlassen ihre Jungen nicht ihrem Schicksal. Sie lassen sich im Sturzflug fallen und breiten unter den Jungen ihre Schwingen aus, sodass diese gleichsam von unten her getragen werden. Unterstützt von den Schwingen der Alten lernen die Jungen das Fliegen.

Gottes Segen für unser Kind

Mütter und Väter bringen ihr Kind zur Kirche mit der (un-)ausgesprochenen Bitte:

»Guter Gott,
der du uns selbst trägst,
trage du auch unser Kind.

Trage du mit,
wo unsere Kraft
nicht ausreicht.

Trage du auch in Zukunft unser Kind,
wenn es auf eigenen Füßen steht.«

Meist kleiden Eltern dies in den Wunsch, dass das Kind unter dem Segen Gottes stehen möge. Mit dem Segen ist das Bild der Hand verbunden, die schützend über den Kopf gehalten wird. Dazu passt das andere Bild von der tragenden Hand, in die hinein ich mich fallen lassen kann und die mich birgt. Mit der Taufe feiert die christliche Gemeinde Gottes Schutz und Fürsorge. Die Eltern bitten Gott um diese schützende Hand für sich und ihr Kind.

Gott sagt in der Taufe:
Wann immer du Halt suchst,
ich trage dich.

LOBE DEN HERREN

dt. Text: Joachim Neander, 1680
ital. Text: Eugenio Costa jr., span. Text: Fritz Fliedner
Melodie: Stralsund, 1665/Halle, 1741

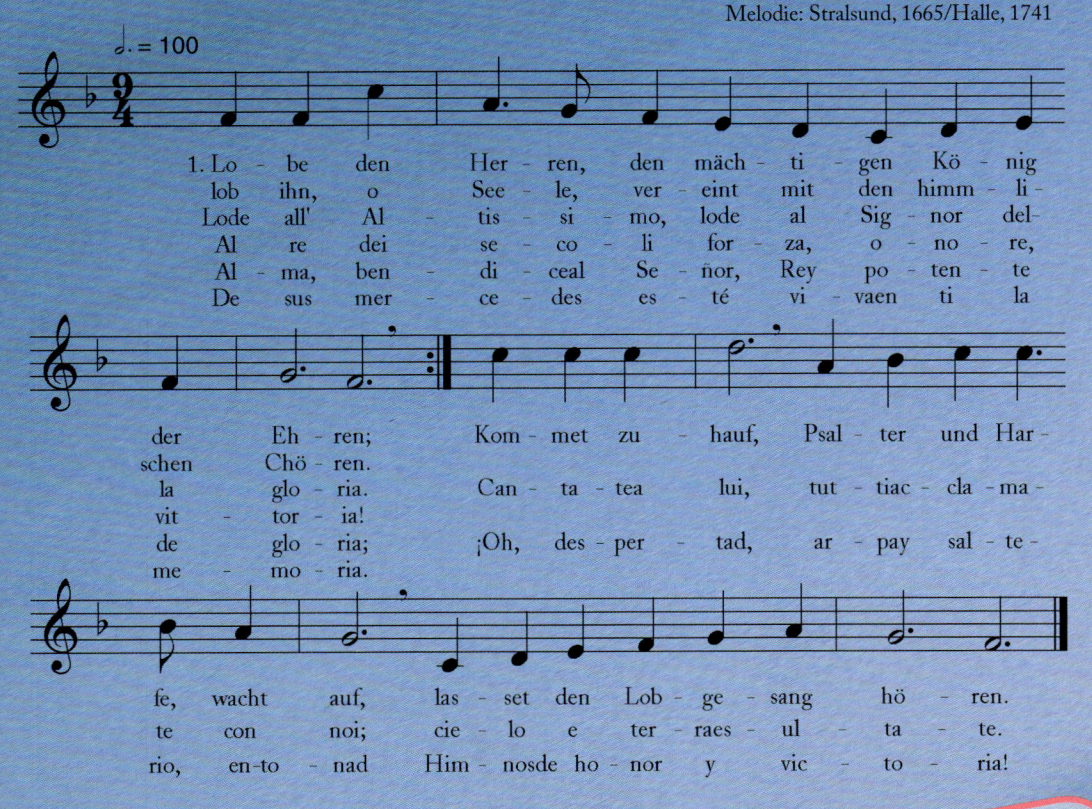

♩. = 100

1. Lo - be den Her - ren, den mäch - ti - gen Kö - nig
   lob ihn, o See - le, ver - eint mit den himm - li -
   Lode all' Al - tis - si - mo, lode al Sig - nor del -
   Al re dei se - co - li for - za, o - no - re,
   De sus mer - ce - des es - té vi - vaen ti la

der Eh - ren; Kom - met zu - hauf, Psal - ter und Har -
schen Chö - ren.
la glo - ria! Can - ta - tea lui, tut - tiac - cla - ma -
vit - tor - ia!
de glo - ria; ¡Oh, des - per - tad, ar - pay sal - te -
me - mo - ria.

fe, wacht auf, las - set den Lob - ge - sang hö - ren.
te con noi; cie - lo e ter - raes - ul - ta - te.
rio, en - to - nad Him - nosde ho - nor y vic - to - ria!

2. Lobe den Herren, der alles so herrlich regieret,
der dich auf Adelers Fittichen sicher geführet,
der dich erhält, wie es dir selber gefällt.
Hast du nicht dieses verspüret?

3. Lobe den Herren, der künstlich und fein dich bereitet,
der dir Gesundheit verliehen, dich freundlich geleitet.
In wie viel Not hat nicht der gnädige Gott
über dir Flügel gebreitet!

4. Lobe den Herren, der sichtbar dein Leben gesegnet,
der aus dem Himmel mit Strömen der Liebe geregnet.
Denke daran, was der Allmächtige kann,
der dir mit Liebe begegnet.

5. Lobe den Herren, was in mir ist, lobe den Namen.
Lob ihn mit allen, die seine Verheißung bekamen.
Er ist dein Licht; Seele, vergiss es ja nicht.
Lob ihn in Ewigkeit. Amen.

2. Lode all'Altissimo, re dell'immenso creato:
con ali d'aquila tutti i suoi figli ha portato.
Ci guiderà, ed ogni uomo saprà quanto
è grande il suo amore.

3. Lode all'Altissimo, che a noi dal cielo ha parlato
e per gli uomini l'unico Figlio ha donato.
Morto per noi. Cristo ci chiama con lui
oltre il peccato e la morte.

4. Lode all'Altissimo, Padre di grazia infinita,
che dona agli umili pace, benessere, vita.
Dio regenerà: e tutto a lui canterà
gloria nei secoli! Amen.

2. Alma, bendice al Señor, que a los orbes gobierna
y te conduce paciente con mano paterna;
te perdonó, de todo mal te libró,
porque su gracia es eterna.

3. Alma, bendice al Señor, de tu vida la fuente,
que te creó, y en salud te sostiene clemente;
tu defensor en todo trance y dolor;
su diestra es omnipotente.

4. Alma, bendice al Señor y su amor infinito;
con todo el pueblo de Dios su alabanza repito:
Dios, mi salud, de todo bien plenitud,
¡Seas por siempre bendito!

TAUFE – VIELES SPRICHT DAFÜR

Das Kind ist ein Fest wert

Ein Kind zu bekommen, das ist etwas Besonderes. Mit der Geburt eines Kindes begegnen Mütter und Väter ganz unmittelbar dem Geheimnis des Lebens. Vermutlich empfinden Sie es auch so. Sie sind glücklich und dankbar, wenn Ihr Kind gesund ist. Sie sind aber auch angerührt, wie verletzbar und bedroht menschliches Leben ist, vor allem nach einer schwierigen Geburt oder wenn Ihr Kind krank ist. Gerade deshalb wollen Sie auch all Ihren Gefühlen Ausdruck verleihen. Deshalb sind die Geburt und Ihr Kind ein Fest wert. Die Taufe verbindet Freude und Sorge, wenn Sie Ihre Tochter oder Ihren Sohn Gott anvertrauen, von dem alles Leben kommt und der alles Leben vollendet.

Das Kind unter den Segen Gottes stellen

In den letzten Wochen und Monaten haben viele Menschen Ihnen und Ihrem Kind »nur das Beste« gewünscht. Das Leben Ihres Kindes soll gelingen. Ihr Kind soll sein Glück finden. Zu diesem »Besten« für Ihr Kind gehört, dass es spürt, angenommen und anerkannt zu sein. In der Taufe feiern wir, dass Gott sich ihm zuwendet und es annimmt. Was immer aus Ihrem Kind wird, wie auch immer es sein Leben gestaltet, Gott ist auf seiner Seite. Ihre Tochter oder Ihr Sohn haben ihre ganze Würde von Gott – komme, was kommen mag. Was kann es Besseres für uns Menschen geben als »Gott auf unserer Seite«?

Sie möchten, dass Ihr Kind für immer geschützt ist, dass es ungestört heranwachsen, dass es sich in Frieden entwickeln kann. Dafür setzen Sie sich mit ganzer Kraft ein. Sie spüren gleichzeitig, dass Sie mit dem, was Sie für Ihr Kind tun können, an Grenzen kommen. Denn: Das Leben ist schön und riskant; die Welt ist gut und böse; jeder Mensch ist einmalig liebenswert und mitunter unausstehlich ... Daher ist jedes Leben geschützt und bedroht.

In der Taufe feiern wir, dass Gott Ihr Kind schützend begleitet. Was immer aus Ihrem Kind wird, wie immer auch Ihr Kind sein Leben gestaltet, Gott wird das Leben Ihres Kindes bewahren – komme, was da kommen mag. Gott sagt so umfassend Ja zu unser aller Leben, dass nicht einmal der Tod das letzte Wort behalten kann.

Nicht ohne Patin und Pate

Wahrscheinlich haben Sie schon überlegt, wer für Ihr Kind Patin oder Pate sein wird. Die Paten unterstützen Sie in der christlichen Erziehung und stellen wichtige Kontakte über die Familie hinaus her. Das kann schon bei der Taufe wichtig sein, wenn Sie sich als Vater und Mutter mit dem Glauben schwertun. Sie stehen dann nicht alleine da: Patin und Pate sind Zeugin und Zeuge des Glaubens und vertreten die Gemeinschaft der Kirche.

Je älter Ihr Kind wird, umso mehr braucht es Menschen, die seinen Lebens- und Glaubensweg begleiten. Die Paten gehören zu diesen Menschen. Bei der Tauffeier bereits können sie sich an der Gestaltung beteiligen oder die Taufkerze schenken. Später halten die Paten regelmäßigen Kontakt zu Eltern und Patenkind, erinnern an den Tauftag oder beziehen die Patentochter respektive den Patensohn in ihr eigenes – familiäres – Leben ein.

Patin/Pate kann werden, wer selbst katholisch getauft und gefirmt und älter als 16 Jahre ist. Sinnvoll sind zwei Paten, es genügt aber auch einer. Evangelische Christen können als Taufzeuge/-zeugin zusammen mit einem katholischen Christen die Patenschaft übernehmen.

Die eine Taufe und die »beiden Kirchen«

Wenn Sie in einer konfessionsverbindenden Partnerschaft leben, spüren Sie anlässlich der Taufe Ihres Kindes, dass Sie von der Trennung der Kirchen in Ihrer eigenen Familie betroffen sind. Sie stehen vor der Entscheidung, welcher Konfession und damit welcher Kirche Ihr Kind angehören wird. Für den einen Elternteil kann es schmerzhaft sein, dass sein Kind in einer anderen Kirche als in der eigenen Heimat finden wird. Es wird in einer anderen Tradition als Sie selbst aufwachsen. Die künftige Zugehörigkeit Ihres Kindes zur katholischen Kirche ist für Sie als Eltern eine Chance, die Gemeinsamkeiten und das Fremde der beiden Kirchen näher kennenzulernen, es wertzuschätzen und als bereichernd zu erfahren. Das Gespräch mit katholischen und evangelischen Seelsorgern wird Sie bei Ihrer Entscheidung unterstützen.

Taufe gern – und die Institution Kirche?

Religion gibt es nicht neutral und abstrakt. Jede Religion prägt eine bestimmte Form von Institution aus. So kennt auch das Christentum eine konkrete Gemeinschaft, ein konkretes Bekenntnis, rituell geprägte Feiern. Anders kann Glaube nicht gelebt werden. Vielleicht stehen Sie der Institution Kirche kritisch gegenüber, weil Sie Erfahrungen gemacht haben, die Sie an der Glaubwürdigkeit der Kirche zweifeln lassen. Wie immer Sie selbst die Institution sehen, sie bewahrt trotz allem die Spur Gottes in dieser Welt. In der Geschichte des Volkes Israel und in der Person Jesu Christi ist Gottes Handeln für uns Menschen sichtbar und greifbar geworden. Daran orientiert sich die Kirche bis heute. Ein Ausdruck dieses Handelns Gottes, Zeichen seiner Nähe in unserem Leben sind die Sakramente. Die Taufe antwortet konkret auf das eher unbestimmte religiöse Gefühl und die Suche nach Schutz, wie sie in der Aussage »unter dem Segen Gottes stehen« deutlich wird. Mit der Taufe übergeben Sie Ihr Kind nicht einer namenlosen

Macht, einem anonymen Gott, sondern dem nahen Gott, der sich in seiner Schöp-
fung, im Bund mit dem Volk Israel und als Vater in Jesus Christus gezeigt hat.
Bei der Taufe wird in der Verkündigung des Wortes Gottes, im Übergießen mit
Wasser und in vielen anderen Zeichen auf immer neue Weise von der Geschichte
Gottes mit den Menschen gesprochen. Die Gemeinschaft der Getauften ist der
Ort, an dem Ihr Kind später immer wieder davon hört, an die eigene Taufe erin-
nert wird und mehr und mehr lebt, was in der Taufe gefeiert wurde.

TAUFE – EIN PASTORALES ANGEBOT

TAUFE FEIERN IN ZWEI STUFEN

Ihnen ist die Entscheidung für die Taufe möglicherweise nicht leichtgefallen, weil Sie an den christlichen Glauben und an die Kirche mehr Fragen als Antworten haben. Sie bejahen die Taufe dennoch und spüren zugleich, dass Sie zunächst Klarheit und mehr Sicherheit haben möchten, bevor Sie die Taufe feiern. Doch möchten Sie auf den »Segen Gottes« nicht verzichten. Der neue Taufritus bietet eine gute Möglichkeit, beides miteinander zu verbinden. Sie begeben sich gemeinsam mit anderen Eltern auf einen Weg, der mit einer gemeinsamen Feier beginnt und der schließlich zur Taufe Ihres Kindes führt. Je nach Situation sind auch andere Formen der Vergewisserung möglich: Wenn Sie möchten, können Sie eine persönliche Begleitung durch einen Seelsorger bzw. eine Seelsorgerin in Anspruch nehmen. Oder Sie besuchen eine Zeit lang einen Bibelkreis oder eine andere Gruppe, die sich mit Fragen des Glaubens auseinandersetzt.

Gemeinsam mit anderen auf dem Glaubensweg

In der frühen Kirche war es üblich, dass man den Beginn des Weges und seinen Höhepunkt in der Feier der Taufe unterschieden hat. So ist es auch heute noch bei der Erwachsenentaufe. Am Anfang steht der Wunsch, Christ oder Christin zu werden und zur Kirche zu gehören. Für erwachsene Taufbewerber und Taufbewerberinnen beginnt dieser Weg zur Taufe mit einer Zeit des Kennenlernens von Glaube und Kirche, von biblischer Botschaft, christlicher Tradition und im Alltag gelebter Glaubenspraxis.

Den Weg feiernd und betend beginnen

Ein solcher Weg kann auch für Sie und Ihr Kind gestaltet werden. Diesen gehen Sie zusammen mit anderen Eltern, die sich ebenfalls dafür entschieden haben. Auftakt ist eine gemeinsame Feier zur »Eröffnung des Weges zur Taufe«.
Wesentliche Elemente dieser Feier sind der Dank an Gott für die Geburt der Kinder. Die Kinder werden von der Gemeinschaft der Glaubenden willkommen geheißen und empfangen und mit dem Zeichen des Kreuzes bezeichnet. Für die Kinder wird gebetet und in der Katechumenensalbung wird ihnen Stärkung und Schutz verheißen. Diese Feier will Sie – und die Patinnen und Paten – in Ihrer Bereitschaft ermutigen, Zeuginnen und Zeugen des Glaubens zu sein und das Kind zu unterstützen, damit es im Glauben wachsen kann.

Auf dem Weg zur Taufe

In der anschließenden Zeit haben Sie bei Begegnungen mit anderen Eltern die Möglichkeit, sich mit allen Fragen rund um die Taufe und den Glauben der Kirche auseinanderzusetzen. Haben Sie genügend Sicherheit gewonnen, wird Ihr Kind getauft.
Wenn Sie diesen Weg für angemessen und passend halten, so sprechen Sie darüber mit Ihrem Pfarrer. Vielleicht wird auch er Ihnen gegenüber diese Idee äußern und einen solchen Vorschlag machen.

LOBPREIS GOTTES
UND DANK FÜR DIE GEBURT

Guter Gott,
wir loben dich und preisen dich,
denn du bist groß und staunenswert ist alles,
was du gemacht hast.

Wir danken dir für das Leben,
das wir empfangen haben,
und für die Wunder der Liebe,
die wir entdecken dürfen.

Wir danken dir für die Freude,
die uns durch N und N geschenkt wird,
und wir bitten um Kraft,
mit der wir für sie sorgen können.

Wir danken dir,
dass du uns deine Nähe versprochen hast,
und bitten,
dass du auch diese Kinder auf ihrem Weg begleitest.

Wir danken dir,
denn du hast N und N ins Dasein gerufen
und sie in deine Hand geschrieben.

Schenke ihnen in der Taufe dein göttliches Leben
und führe sie in die Gemeinschaft der Heiligen
durch Jesus Christus, deinen Sohn,
der mit dir und dem Heiligen Geist
lebt und herrscht in alle Ewigkeit.

Amen.

ICH HABE DICH BEI DEINEM NAMEN GERUFEN

Nicht das Leben,
nicht die Welt
oder die Gesellschaft,
kein Verein oder Klub,
Gott ruft.

Nicht die Menschheit,
nicht das Volk oder die Nation,
keine Gruppe oder
Gemeinschaft ist gemeint.
Ich bin gerufen.

Durch alle Stimmen
und Geräusche hindurch
tönt sein Rufen.
Geduldig und vernehmbar.
Ist mein Ohr bereit?

Über die Menge hinweg,
mir –
niemand sonst gilt das Rufen.
Geduldig und vernehmbar.
Ist mein Herz bereit?

Matthias Ball

DIE FEIER DER TAUFE

ABLAUF DER TAUFFEIER

In der Feier der Taufe werden auf verschiedene Weise Erfahrungen, die Sie als Eltern im Zusammenhang mit der Geburt Ihres Kindes gemacht haben, aufgegriffen. Damit Sie von Ihren Erfahrungen her die Taufe mitgestalten können, finden Sie hier den gesamten Ablauf, alle Texte, Gebete und Handlungen, wie sie im Taufgottesdienst vorgesehen sind.

Im Gespräch mit dem Pfarrer oder Diakon oder in den Taufgesprächen in Elterngruppen können Sie mit diesem Buch Ihre Fragen und Ideen einbringen.

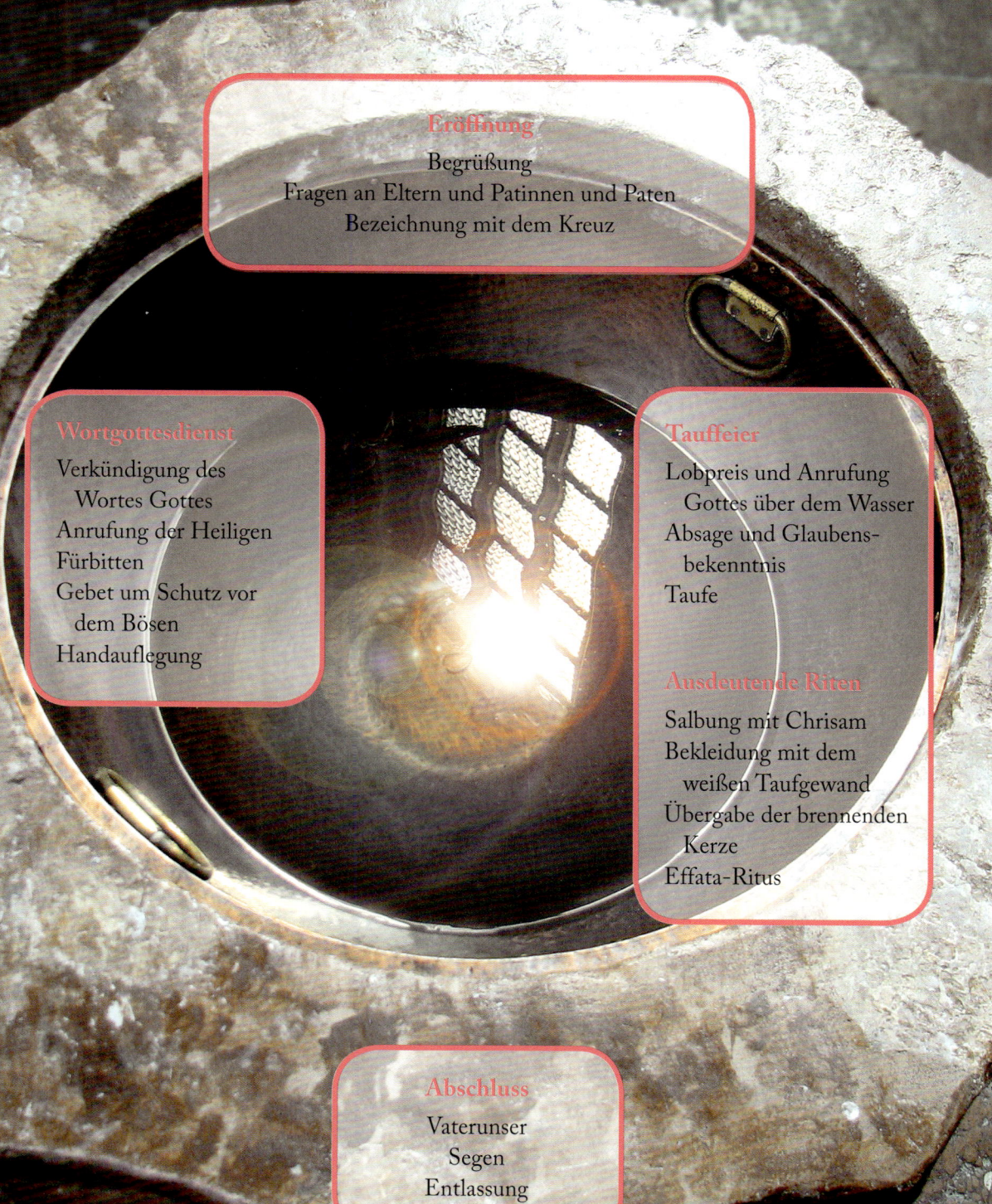

Eröffnung
Begrüßung
Fragen an Eltern und Patinnen und Paten
Bezeichnung mit dem Kreuz

Wortgottesdienst
Verkündigung des
  Wortes Gottes
Anrufung der Heiligen
Fürbitten
Gebet um Schutz vor
  dem Bösen
Handauflegung

Tauffeier
Lobpreis und Anrufung
  Gottes über dem Wasser
Absage und Glaubens-
  bekenntnis
Taufe

Ausdeutende Riten
Salbung mit Chrisam
Bekleidung mit dem
  weißen Taufgewand
Übergabe der brennenden
  Kerze
Effata-Ritus

Abschluss
Vaterunser
Segen
Entlassung

Wenn Sie möchten, können Sie hier auch selbst Ihre Freunde und Gäste begrüßen und sagen, was Ihnen der Festtag bedeutet.

Begrüßung

Die Eltern mit ihrem Kind, Paten, Familie und Freunde werden am Eingang der Kirche empfangen und begrüßt. In einem kurzen Gespräch werden die Eltern nach dem Namen des Kindes und dem Taufwunsch gefragt. Danach werden die Paten nach ihrer Bereitschaft zum Patenamt gefragt.

Fragen an die Eltern ...

Taufender:

»Welchen Namen haben Sie Ihrem Kind gegeben?«

Eltern:

»Anna.« (Der hier beispielhaft gewählte Name »Anna« wird im Folgenden beibehalten.)

Taufender:

»Was erbitten Sie von der Kirche Gottes für Anna?«

Eltern:

»Die Taufe.«

Taufender:

»Liebe Eltern, Sie möchten, dass Anna getauft wird. Das bedeutet für Sie: Sie sollen Ihr Kind im Glauben erziehen und es lehren, Gott und den Nächsten zu lieben, wie Jesus es vorgelebt hat. Sie sollen mit Ihrem Kind beten und ihm helfen, seinen Platz in der Gemeinschaft der Kirche zu finden. Sind Sie dazu bereit?«

Eltern:

»Ich bin bereit.«

... und Patinnen und Paten

Christ wird man durch andere. Müttern, Vätern und Paten kommt hierbei eine besondere Rolle zu. Sie begleiten ihre Tochter/ihren Sohn in ihrer/seiner Entwicklung und leben das Christsein vor. Auch die Gemeinde hat diese Aufgabe.

Taufender:

»Liebe Paten, die Eltern dieses Kindes haben Sie gebeten, das Patenamt zu übernehmen. Sie sollen Ihr Patenkind auf dem Lebensweg begleiten, es im Glauben mittragen und es hinführen zu einem Leben in der Gemeinschaft der Kirche. Sind Sie bereit, diese Aufgabe zu übernehmen und damit die Eltern zu unterstützen?«

Paten:

»Ich bin bereit.«

Taufender (an alle):

»Liebe Brüder und Schwestern, dieses Kind soll einmal selbst auf den Ruf Jesu Christi antworten. Dazu braucht es die Gemeinschaft der Kirche, dazu braucht es unsere Mithilfe und Begleitung. Für diese Aufgabe stärke uns Gott durch seinen Heiligen Geist.«

In manchen Gemeinden ist es üblich, dass an dieser Stelle auch Vertreterinnen und Vertreter der Gemeinde Unterstützung bei der Erziehung im Glauben versprechen und ihre Freude über die Aufnahme in die Gemeinde ausdrücken.

Das Kind wird mit dem Kreuz bezeichnet

Kennzeichen der Christen und gleichzeitig Zusammenfassung ihres Glaubens ist das Kreuz, das Bekenntnis zu Vater, Sohn und Geist. Deshalb empfängt das Kind als Erstes das Kreuzzeichen auf die Stirn.

Der Taufende spricht:

»Anna, mit großer Freude empfängt dich die Gemeinschaft der Glaubenden.
Im Namen der Kirche bezeichne ich dich mit dem Zeichen des Kreuzes.
Auch deine Eltern und Paten werden dieses Zeichen Jesu Christi, des Erlösers,
auf deine Stirn zeichnen.«

Der Eröffnungsteil wird mit einem Gebet abgeschlossen:

»Gott, unser Vater,
du hast deinen Sohn Jesus Christus gesandt,
um alle Menschen als dein Volk zu sammeln.
Öffne Anna die Tür in die heilige Kirche,
in die wir durch Glaube und Taufe eingetreten sind.
Stärke uns mit deinem Wort,
damit wir dank deiner Gnade den Weg zu dir finden
durch Jesus Christus, deinen Sohn,
unseren Herrn und Gott,
der in der Einheit des Heiligen Geistes
mit dir lebt und herrscht in alle Ewigkeit.«

Alle:
»Amen.«

Hier können Sie die Mitglieder Ihrer Familie, Großeltern oder Geschwister des Kindes einladen, dem Täufling ebenfalls ein Kreuz auf die Stirn zu zeichnen. Diese Geste unterstreicht die Aufnahme in die Gemeinschaft und die Bereitschaft, dem Kind Schutz zu geben.

Das Wort Gottes wird verkündet

Zum Wortgottesdienst nehmen alle in der Kirche oder Taufkapelle Platz. Ein Text aus der Heiligen Schrift erinnert an die Geschichte Gottes mit den Menschen. In der Predigt wird das Geschehen von damals mit der Taufe verbunden und gedeutet.

JESUS SEGNET DIE KINDER

Sie brachten Kinder zu Jesus, damit er ihnen die Hände auflegte. Die Jünger aber wiesen die Leute schroff ab. Als Jesus das sah, wurde er unwillig und sagte zu ihnen: Lasst die Kinder zu mir kommen; hindert sie nicht daran! Denn Menschen wie ihnen gehört das Reich Gottes. Amen, das sage ich euch: Wer das Reich Gottes nicht so annimmt wie ein Kind, der wird nicht hineinkommen. Und er nahm die Kinder in seine Arme; dann legte er ihnen die Hände auf und segnete sie.

Markus 10,13–16

Im Taufgespräch können Sie überlegen, welcher Bibeltext gelesen wird.
Zum Beispiel:
Psalm 8 Von der Herrlichkeit des Schöpfers und der Würde des Menschen
Markus 1,9–11 Die Taufe Jesu
Markus 10,13–16 Die Kindersegnung
Matthäus 22,34–40 Das wichtigste Gebot
Matthäus 28,18-20 Der Auftrag Jesu zu taufen
Johannes 4 Die Begegnung am Jakobsbrunnen
Römer 6,3-5 Über die Taufe

Der Bibeltext
spricht von der
Sehnsucht der Men-
schen nach sinn-
erfülltem Leben.
In diesem Sinn
erinnert er an
viele alte Märchen,
in denen von der
Suche nach den Heil
bringenden, Leben
spendenden »Wassern
des Lebens« erzählt
wird, oder aus
heutiger Zeit an
»Die unendliche Ge-
schichte« (Michael
Ende). Damit regt
der Text zugleich
an, sich selbst zu
fragen, aus welchen
Quellen man lebt.
Möglicherweise kann
dies auch ein Thema
im Taufgespräch
sein.

VOM WASSER DES LEBENS

Jesus kam in die Nähe des Dorfes Sychar, das nicht weit von dem Feld entfernt liegt, das Jakob einst seinem Sohn Josef vererbt hatte. Dort befand sich der Jakobsbrunnen. Jesus war von dem langen Weg müde geworden und setzte sich an den Brunnen. Es war gegen Mittag.

Seine Jünger waren ins Dorf gegangen, um etwas zu essen zu kaufen. Da kam eine samaritanische Frau zum Wasserholen, und Jesus sagte zu ihr: »Gib mir einen Schluck Wasser!«

Die Frau antwortete: »Du bist Jude, und ich bin eine Samaritanerin. Wie kannst du mich da um etwas zu trinken bitten?« Die Juden vermeiden nämlich jede Berührung mit Samaritanern.

Jesus antwortete: »Wenn du wüsstest, was Gott schenken will und wer dich jetzt um Wasser bittet, dann hättest du ihn um Wasser gebeten, und er hätte dir lebendiges Wasser gegeben.«

»Du hast doch keinen Eimer«, sagte die Frau, »und der Brunnen ist tief. Woher willst du dann lebendiges Wasser haben? Unser Stammvater Jakob hat uns diesen Brunnen hinterlassen. Er selbst, seine Söhne und seine ganze Herde tranken aus ihm. Du willst doch nicht sagen, dass du mehr bist als Jakob?«

Jesus antwortete: »Wer dieses Wasser trinkt, wird wieder durstig. Wer aber von dem Wasser trinkt, das ich ihm gebe, wird niemals mehr Durst haben. Ich gebe ihm Wasser, das in ihm zu einer Quelle wird, die ewiges Leben schenkt.«

»Gib mir von diesem Wasser«, sagte die Frau, »dann werde ich keinen Durst mehr haben und muss nicht mehr hierherkommen, um Wasser zu schöpfen.«

Aus dem 4. Kapitel des Johannesevangeliums

Die Gemeinde betet für das Kind

Das fürbittende Gebet unterscheidet zwischen Anrufung der Heiligen und Fürbitten.

Anrufung der Heiligen

Andere um Hilfe, um Fürsprache und Unterstützung zu bitten oder für andere zu beten, ist in vielen Situationen üblich. So ist es in der katholischen Kirche Brauch, bei der Taufe die Heiligen, allen voran Maria, Johannes den Täufer und die Apostel Petrus und Paulus anzurufen. Ergänzt werden die Anrufungen durch den Patron der Kirchengemeinde, den Namenspatron des Kindes und anderer Familienmitglieder.

Auf die Anrufung der Heiligen antwortet die Gemeinde mit: »Bitte für uns.« Daran schließen sich die Fürbitten an.

Fürbitten

Der Taufende leitet die Fürbitten ein:

Überlegen Sie, welche Namenspatrone und Heiligen eine Bedeutung für Sie haben und genannt werden sollen. Bei den Fürbitten können Sie selbst, Patin, Pate, Freunde und Angehörige Bitten für Ihr Kind aussprechen.

»Liebe Brüder und Schwestern, lasst uns das Erbarmen unseres Herrn Jesus Christus auf Anna herabrufen, die die Gnade der Taufe empfangen soll, auf ihre Eltern und Paten und auf alle Getauften.«

»Wir bitten, dass Anna immer ein Zuhause hat, in dem sie Wärme und Geborgenheit erfährt.«

»Wir bitten, dass Anna Menschen um sich hat, die ihr als Begleiterinnen und Begleiter im Leben zur Seite stehen.«

»Wir bitten, dass Annas Eltern und Paten durch ihr Leben und Handeln für sie Zeugen und Zeuginnen des Glaubens sind.«

»Wir bitten, dass Anna in eine Welt hineinwächst, in der sie leben kann mit allem, was zum Leben dazugehört.«

»Wir bitten dich für uns alle. Bleib du uns Hoffnung und Ziel unseres Lebens.«

Gebet um Schutz vor dem Bösen und Handauflegung

Die Bitten werden mit dem Gebet um Schutz vor dem Bösen beendet. Das Gebet macht deutlich, dass wir alle in einer Welt leben, die keineswegs nur »gut zu uns ist« und daher voller Gefahren ist. Diese »Gegenmacht« zu Gott heißt seit alter Zeit »Satan«. Er bezeichnet in der Vorstellungswelt früherer Zeiten, die hinter allen unerklärbaren Phänomenen Geister oder Dämonen am Werk sahen, die Summe alles Bösen (und die Gegenmacht zu Gott).

Der Taufende betet:

»Herr Jesus Christus,
du hast den Kindern die Hände aufgelegt und sie gesegnet.
Schütze Anna
und halte von ihr fern,
was schädlich und unmenschlich ist.
Bewahre Anna vor Satans Macht,
damit sie dir in Treue folgt.
Lass sie in ihrer Familie geborgen sein
und gib ihr Sicherheit und Schutz
auf den Wegen ihres Lebens,
der du lebst und herrschest in Ewigkeit.«

Alle: »Amen.«

Die Handauflegung unterstreicht das Gebet um Schutz vor dem Bösen. Der Taufende spricht dazu:

»Es stärke und schütze dich, Anna,
die Kraft Christi, des Erlösers,
der lebt und herrscht in alle Ewigkeit.«

Alle: »Amen.«

TAUFFEIER

Lobpreis und Anrufung Gottes über dem Wasser

Von allen Naturelementen bringt das Wasser am stärksten die Kraft und die Vielfalt des Lebens zum Ausdruck. So ist es auch zum Zeichen der Taufe geworden. Das Wasser steht zugleich für Gottes rettendes Handeln. In dem Segensgebet wird an die Schöpfung (Genesis 1,1–2,4), den Durchzug durch das Rote Meer (Exodus 14–15) sowie an die Taufe Jesu (Markus 1,9–11) und seinen Tod und seine Auferstehung (Matthäus 27,45–28,20) erinnert.

Wir preisen dich, allmächtiger, ewiger Gott.
Mit unsichtbarer Macht
wirkst du das Heil der Menschen durch sichtbare Zeichen.
Auf vielfältige Weise hast du das Wasser dazu erwählt,
dass es hinweise auf das Geheimnis der Taufe.

Schon im Anfang der Schöpfung
schwebte dein Geist über dem Wasser
und schenkte ihm die Kraft, zu retten und zu heiligen.
Selbst die Sintflut ist ein Bild für die Taufe;
denn das Wasser brachte der Sünde den Untergang
und heiligem Leben einen neuen Anfang.

Die Kinder Abrahams
hast du trockenen Fußes durch das Rote Meer geführt
und sie befreit aus der Knechtschaft des Pharao.
So sind sie ein Bild der Getauften,
die du befreit hast aus der Knechtschaft des Bösen.

Wir preisen dich, Gott, allmächtiger Vater,
für deinen geliebten Sohn, Jesus Christus.
Er wurde von Johannes im Jordan getauft
und von dir gesalbt mit Heiligem Geiste.
Als er am Kreuz erhöht war,
flossen aus seiner Seite Blut und Wasser.
Nach seiner Auferstehung
gab er den Jüngern den Auftrag:
»Geht zu allen Völkern
und macht alle Menschen zu meinen Jüngern
und tauft sie auf den Namen des Vaters und des Sohnes
und des Heiligen Geistes.«

Wir bitten dich, allmächtiger, ewiger Gott,
schau gnädig auf deine Kirche
und öffne ihr den Brunnen der Taufe.
Dieses Wasser empfange vom Heiligen Geist
die Gnade deines eingeborenen Sohnes.
Die Menschen, die du als dein Abbild geschaffen hast,
reinige im Sakrament der Taufe von der alten Schuld.
Aus Wasser und Heiligem Geist geboren
lass sie auferstehn zum neuen Leben.

Durch deinen Sohn steige herab in dieses Wasser
die Kraft des Heiligen Geistes,
damit alle,
die durch die Taufe
mit Christus begraben sind in seinen Tod,
mit ihm zum Leben auferstehn.
Darum bitten wir durch Jesus Christus,
deinen Sohn, unsern Herrn und Gott,
der in der Einheit des Heiligen Geistes
mit dir lebt und herrscht in alle Ewigkeit.

Amen.

DEM WASSER ZU EHREN

Ich stehe am Ufer und entdecke:
Wasser, in dir spiegelt sich mein ganzes Leben.

Aus winzigen Tropfen sammelst du dich,
frisch und unverbraucht wirst du zur Quelle
für alle, die dürsten.

In Brunnen gefasst, entfaltest du unergründliche Tiefen,
vergleichbar dem Geheimnis, das ich mir selber bin.

Der Quelle und dem schützenden Rand entkommen,
suchst du zwischen Steinen und Wurzeln deinen Weg.
So sehe ich mich mit unsicheren Beinen erste Schritte tun.

Zum Bach geworden hüpfst du voll Freude
über Stock und Stein ins Tal hinab.
Ich tue es dir nach und entdecke die kleine und große Welt.

Wie du aus dem Fluss anschwillst zum beachtlichen Strom,
so sammle ich Erfahrungen für die Fluten des Lebens.

Träge und breit fließt du dahin,
geführt von einem Bett, das tief gegraben.
Auch ich lasse mich treiben zur Fülle des Lebens
auf Spuren, die andere mir hinterlassen.

Dich nimmt das Meer mit seinen unbegrenzten Wassern auf,
und das Leben beginnt von vorn.
Im Regen kommst du wieder wie alles,
was die Erde wieder und wieder hervorbringt.

Im Meer der Unendlichkeit trennen sich unsere Wege;
denn mir hat der Schöpfer ein anderes Ziel gewiesen.
Aus den todbringenden Wassern heraus ergreift er mich,
und ich kehre zurück zu Gott, zur Quelle des Lebens.

Matthias Ball

DURST AUF LEBEN

Unstillbar
der Durst auf Leben.
Kein Glück und kein Erfolg,
kein Sieg und kein Triumph
gibt genug an Leben.

Auch wer
mit allen Wassern gewaschen,
wer aus allen Quellen getrunken,
wem die Ströme zugeflossen
und wer im Meer der Liebe gebadet,
immer bleibt ein Durst nach mehr.

Doch eines Tages kam einer,
der sprach von einem Wasser,
das jeden Durst nimmt.
Wer von diesem Wasser trinkt,
wird nie mehr Durst haben.

Im Wasser der Taufe
berührt uns der Strom des Lebens,
der aus Tod
zum Leben hinüberführt.

Matthias Ball

Die versammelte Gemeinschaft bekennt ihren Glauben

Getauft werden heißt, einen »Positionswechsel« zu vollziehen: vom Tod zum Leben, von der Zerstörung zur Bewahrung des Lebens, von der Absage gegen das Böse zum Glauben an Gott. Mütter und Väter, Patinnen und Paten geben von diesem Glauben an Gott Zeugnis. Sie widersagen in Erinnerung an ihre Taufe und in Stellvertretung für ihr Kind allem Bösen und bekennen ihren Glauben. Sie erklären sich bereit, ihr Kind im Glauben zu erziehen.

Taufender:

»Liebe Eltern und Paten!
Gott liebt Anna
und schenkt ihr durch den Heiligen Geist
im Wasser der Taufe neues Leben.
Damit dieses göttliche Leben vor der Sünde bewahrt bleibt
und beständig wachsen kann,
sollen Sie Anna im Glauben erziehen.
Wenn Sie, kraft Ihres Glaubens
und im Gedenken an Ihre eigene Taufe,
bereit sind, diese Aufgabe zu erfüllen,
so sagen Sie nun dem Bösen ab
und bekennen Ihren Glauben an Jesus Christus,
den Glauben der Kirche, in dem Anna getauft wird.«

Dann fragt der Taufende die Eltern und Patinnen/Paten:

»Widersagt ihr dem Satan
und allen Verlockungen des Bösen?«

Eltern und PatInnen:

»Ich widersage.«

Der Taufende fragt Eltern und Paten nach ihrem Glauben:

Taufender:

»Glaubt ihr an Gott, den Vater,
den Allmächtigen,
den Schöpfer des Himmels und der Erde?«

Eltern und Patinnen/Paten:

»Ich glaube.«

Taufender:

»Glaubt ihr an Jesus Christus,
seinen eingeborenen Sohn, unseren Herrn,
der geboren ist von der Jungfrau Maria,
der gelitten hat, gestorben ist und begraben wurde,
von den Toten auferstand
und zur Rechten des Vaters sitzt?«

Eltern und Patinnen/Paten:

»Ich glaube.«

Taufender:

»Glaubt ihr an den Heiligen Geist,
die heilige katholische Kirche,
die Gemeinschaft der Heiligen,
die Vergebung der Sünden,
die Auferstehung der Toten und
das ewige Leben?«

Eltern und Patinnen/Paten:

»Ich glaube.«

Taufender:

»Das ist unser Glaube, der Glaube der Kirche.
Zu ihm bekennen wir uns in Christus Jesus, unserem Herrn.«

DAS APOSTOLISCHE GLAUBENSBEKENNTNIS

Ich glaube an Gott,
den Vater, den Allmächtigen,
den Schöpfer des Himmels und der Erde.

Und an Jesus Christus,
seinen eingeborenen Sohn, unsern Herrn,
empfangen durch den Heiligen Geist,
geboren von der Jungfrau Maria,
gelitten unter Pontius Pilatus,
gekreuzigt, gestorben und begraben,
hinabgestiegen in das Reich des Todes,
am dritten Tage auferstanden von den Toten,
aufgefahren in den Himmel.
Er sitzt zur Rechten Gottes,
des allmächtigen Vaters,
von dort wird er kommen
zu richten die Lebenden und die Toten.

Ich glaube an den Heiligen Geist,
die heilige katholische Kirche,
Gemeinschaft der Heiligen,
Vergebung der Sünden,
Auferstehung der Toten
und das ewige Leben.
Amen.

IL CREDO APOSTOLICO

Credo in Dio,
Padre onnipotente,
Creatore del cielo e della terra;

e in Gesù Cristo,
Suo unico Figlio, Signore nostro;
il quale fu concepito di Spirito Santo,
nacque da Maria Vergine;
patì sotto Ponzio Pilato,
fu crocifisso, morì e fu sepolto;
discese agli inferi;
il terzo giorno resuscitò da morte;
salì al cielo;
siede alla destra di Dio Padre onnipotente;
da dove verrà per giudicare i vivi ed i morti.

Credo nello Spirito Santo;
la santa Chiesa catolica;
la comunione dei santi;
la remissione dei peccati;
la risurrezione della carne;
la vita eterna.
Amen.

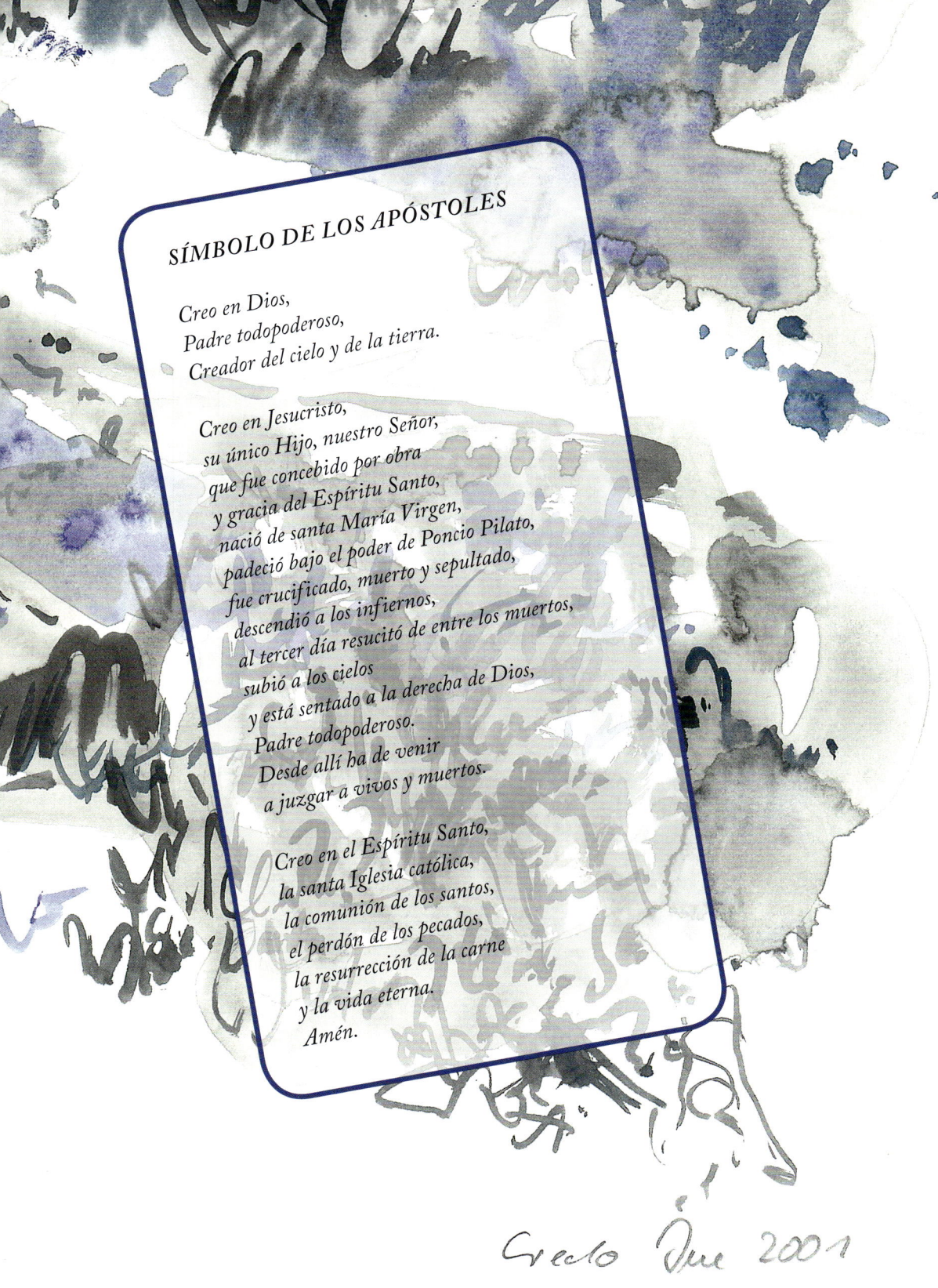

SÍMBOLO DE LOS APÓSTOLES

Creo en Dios,
Padre todopoderoso,
Creador del cielo y de la tierra.

Creo en Jesucristo,
su único Hijo, nuestro Señor,
que fue concebido por obra
y gracia del Espíritu Santo,
nació de santa María Virgen,
padeció bajo el poder de Poncio Pilato,
fue crucificado, muerto y sepultado,
descendió a los infiernos,
al tercer día resucitó de entre los muertos,
subió a los cielos
y está sentado a la derecha de Dios,
Padre todopoderoso.
Desde allí ha de venir
a juzgar a vivos y muertos.

Creo en el Espíritu Santo,
la santa Iglesia católica,
la comunión de los santos,
el perdón de los pecados,
la resurrección de la carne
y la vida eterna.
Amén.

Credo Jue 2001

Das Kind wird getauft

Mit Wasser verbinden wir viele Bedeutungen: reinigen, erfrischen, kühlen, beleben, den Durst stillen ... In der Taufe wird – durch dreimaliges Eintauchen in das Wasser oder durch Übergießen mit Wasser – an Tod und Auferstehung Jesu erinnert. Die dabei gesprochene Taufformel benennt die Gemeinschaft mit Gott, dem Vater, dem Sohn und dem Heiligen Geist.

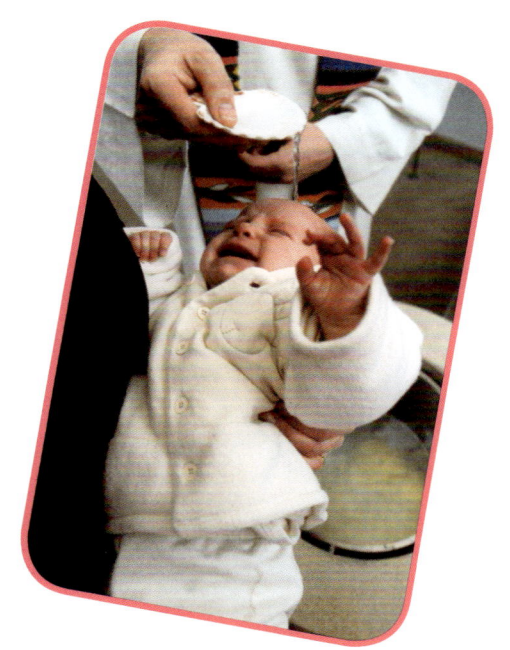

Es ist denkbar,
dass der Taufende noch einmal fragt:

»Liebe Familie N.,
nachdem wir jetzt gemeinsam
den Glauben der Kirche bekannt haben,
frage ich Sie:
Wollen Sie,
dass Ihr Kind nun in diesem Glauben die Taufe empfängt?«

Eltern und Paten:
»Ja, wir wollen es.«

Anna,

ich taufe dich

im Namen des Vaters

und des Sohnes

und des

Heiligen Geistes.

Das Kind wird mit Chrisam gesalbt

Waschen und Cremen, Baden und Salben gehören zusammen. So auch bei der Taufe. Die Salbung mit Chrisam unterstreicht die Würde der Person. Bereits das Alte Testament spricht von der Salbung zum König bzw. zum Priester oder Propheten. Die Chrisamsalbung erinnert daran. Sie verweist auch auf die Firmung, bei der sich die Jugendlichen selbst zum Glauben an Gott und zur Gemeinschaft der Kirche bekennen.

Taufender:

»Anna, der allmächtige Gott,
der Vater unseres Herrn Jesus Christus,
hat dich von der Schuld Adams befreit
und dir aus dem Wasser und dem Heiligen Geist
neues Leben geschenkt.
Aufgenommen in das Volk Gottes
wirst du nun mit dem heiligen
Chrisam gesalbt,
damit du für immer ein Glied
Christi bleibst,
der Priester, König und Prophet
ist in Ewigkeit.«

Alle:

»Amen.«

Dem Kind wird das Taufkleid angezogen

»Kleider machen Leute« – so sagt man und so ist es auch. Als Verdeutlichung dessen, was in der Taufe geschehen ist, wird dem Kind das weiße Gewand angezogen. Der Brauch stammt von der Erwachsenentaufe der ersten Jahrhunderte nach Christus: Den Neugetauften wurde ein weißes Obergewand angelegt, das sie ab Ostern eine Woche lang bis zum Weißen Sonntag im Gottesdienst getragen haben.

Taufender:

»Anna,
in der Taufe bist du eine neue Schöpfung geworden
und hast – wie die Schrift sagt – Christus angezogen.
Das weiße Gewand sei dir ein Zeichen für diese Würde.
Bewahre sie für das ewige Leben.«

Es ist Brauch, das Taufgewand erst bei der Tauffeier anzuziehen. Vielleicht ist es in Ihrer Familie Tradition, dass das Taufkleid weitergegeben wird. Wenn Sie kein eigenes Taufkleid besitzen, erkundigen Sie sich, wo es ausgeliehen oder erworben werden kann. Die Patin/der Pate könnte das Taufkleid mitbringen – evtl. sogar selbst genäht und mit dem Namen des Kindes bestickt.

Die Taufkerze Ihres
Kindes können Sie
selbst verzieren.
Modellierwachs
erhalten Sie in
Bastelgeschäften.
Es ist ein alter
Brauch, die Taufkerze
jedes Jahr am Tauf-
tag, am Geburtstag
oder Namenstag zu
entzünden. Sie kann
auch bei der Feier
der Erstkommunion
getragen werden.

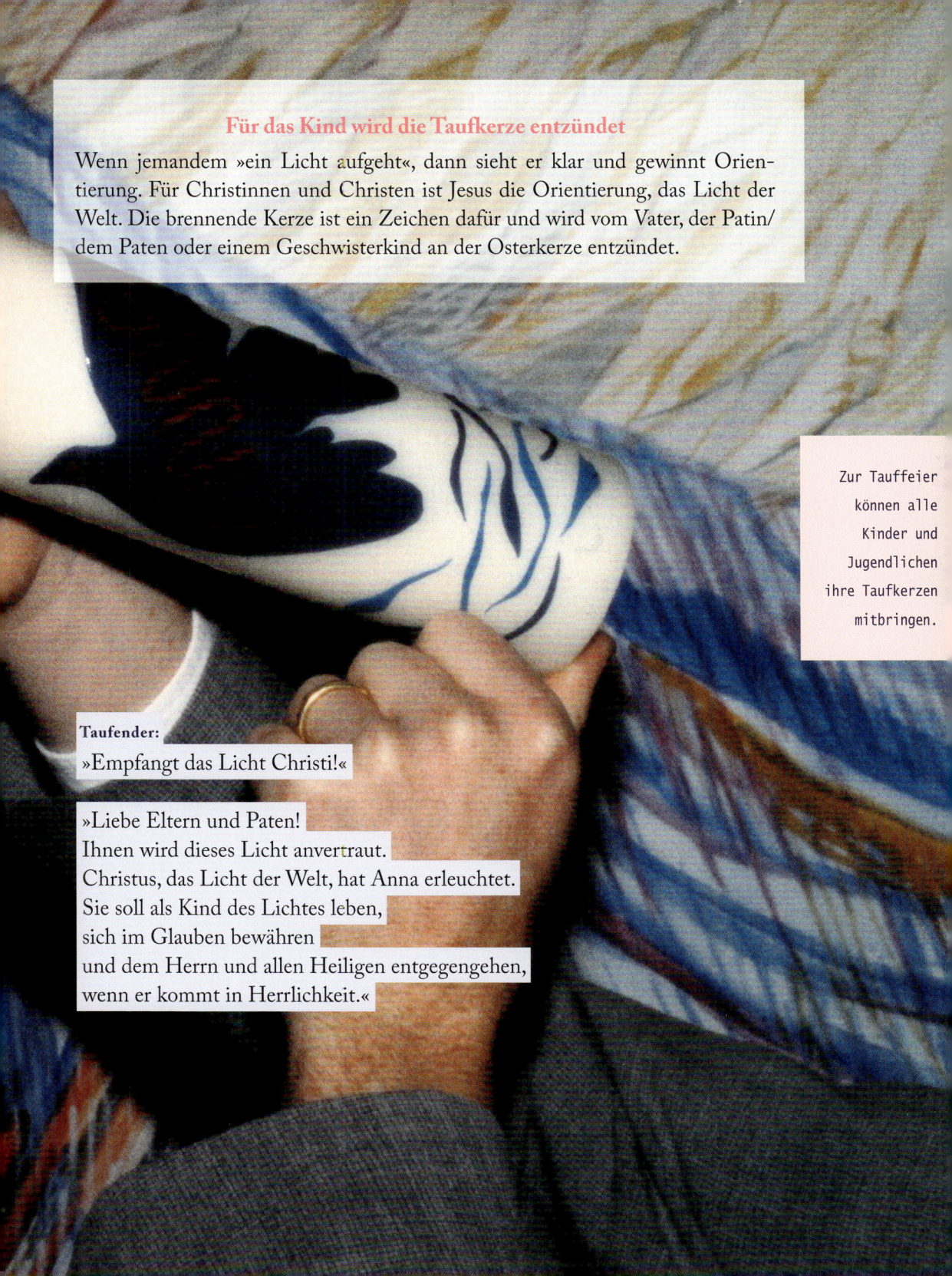

Für das Kind wird die Taufkerze entzündet

Wenn jemandem »ein Licht aufgeht«, dann sieht er klar und gewinnt Orientierung. Für Christinnen und Christen ist Jesus die Orientierung, das Licht der Welt. Die brennende Kerze ist ein Zeichen dafür und wird vom Vater, der Patin/dem Paten oder einem Geschwisterkind an der Osterkerze entzündet.

Zur Tauffeier können alle Kinder und Jugendlichen ihre Taufkerzen mitbringen.

Taufender:
»Empfangt das Licht Christi!«

»Liebe Eltern und Paten!
Ihnen wird dieses Licht anvertraut.
Christus, das Licht der Welt, hat Anna erleuchtet.
Sie soll als Kind des Lichtes leben,
sich im Glauben bewähren
und dem Herrn und allen Heiligen entgegengehen,
wenn er kommt in Herrlichkeit.«

Dem Kind werden die Sinne geöffnet

Gut hinhören, Zwischentöne hören, das Unausgesprochene heraushören, das ist eine Kunst. Im Gewirr der Stimmen und Meinungen mit allen Sinnen wach und sensibel zu sein für die Botschaft Gottes ist nicht einfach. Der Effata-Ritus (von hebräisch: öffne dich) greift diese Wirklichkeit auf und will Christen – und in besonderer Weise das neu getaufte Kind – ermutigen, Gottes Wort zu hören und sich dazu zu bekennen.

EFFATA – ÖFFNE DICH

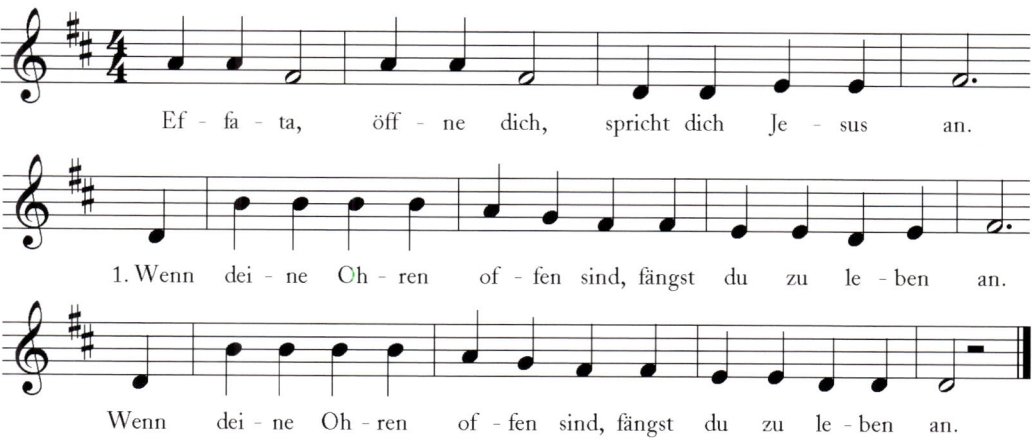

Ef - fa - ta, öff - ne dich, spricht dich Je - sus an.

1. Wenn dei - ne Oh - ren of - fen sind, fängst du zu le - ben an.

Wenn dei - ne Oh - ren of - fen sind, fängst du zu le - ben an.

2. Wenn deine Augen offen sind …

3. Wenn deine Hände offen sind …

4. Wenn du dein Herz (Haus) geöffnet hast …

5. Wenn du dich ganz geöffnet hast …

Taufender:

»Anna,
der Herr lasse dich heranwachsen,
und wie er mit dem Ruf »Effata«
dem Taubstummen die Ohren
und den Mund geöffnet hat,
öffne er auch dir Ohren und Mund,
dass du sein Wort vernimmst und den Glauben bekennst
zum Heil der Menschen und zum Lobe Gottes.«

Die Gemeinde betet das Vaterunser

Zum Schluss führt das Gebet Jesu, das Vaterunser, noch einmal die ganze Taufgemeinde am Altar zusammen. Alles, was zum Leben notwendig ist, ist in diesem Gebet zusammengefasst.

Vater unser im Himmel,
geheiligt werde dein Name.
Dein Reich komme.
Dein Wille geschehe,
wie im Himmel so auf Erden.
Unser tägliches Brot gib uns heute.
Und vergib uns unsere Schuld,
wie auch wir vergeben unseren Schuldigern.
Und führe uns nicht in Versuchung,
sondern erlöse uns von dem Bösen.

Denn dein ist das Reich und die Kraft
und die Herrlichkeit in Ewigkeit.

Amen.

Padre nostro, che sei nei cieli,
sia santificato il tuo nome,
venga il tuo regno,
sia fatta la tua volontà,
come in cielo così in terra.
Dacci oggi il nostro pane quotidiano,
e rimetti a noi i nostri debiti
come noi li rimettiamo ai nostri debitori,
e non ci indurre in tentazione,
ma liberaci dal male.

Tuo è il regno, tua la potenza
e la gloria nei secoli.

Amen.

Padre nuestro, que estás en el cielo,
sanctificado sea tu Nombre;
venga a nosotros tu reino;
hágase tu voluntad
en la tierra como en el cielo.
Danos hoy nuestro pan de cada día;
perdóna nuestras ofensas,
como también nosotros perdonamos
a los que nos ofenden;
no nos dejes caer en la tentación;
y líbranos del mal.

Tuyo es el reino, tuyo el poder
y la gloria por siempre, Señor.

Amen.

Allen wird Gottes Segen zugesprochen

Taufender:

»Es geleite euch die Liebe Gottes, des Vaters,
die Gnade und Güte seines Sohnes
und die Gemeinschaft des Heiligen Geistes.
Der dreieinige Gott,
in dessen Namen dieses Kind getauft wurde,
behüte euer Leben,
er weise euch den rechten Weg im Lichte des Glaubens
und führe uns alle an das gemeinsame Ziel.
Das gewähre euch der allmächtige Gott,
der Vater und der Sohn und der Heilige Geist.«

Alle:

»Amen.«

Gott, segne unser Kind,
behüte sein junges Leben.
Segne uns,
dass wir unserem Kind
behutsam und verlässlich geben,
was es an Liebe braucht.
Lass es wachsen in Frieden
und sich frei entfalten
durch das Gute,
das es durch uns erfährt.

Der Segen
kann durch eine
eigene Segens-
bitte für
die Mütter und
Väter erweitert
werden.

JEDES KIND BRAUCHT EINEN ENGEL

Sie sind der Anfang und das Licht, doch wir sehn es nicht.
Sie sind das Wort, das niemals bricht; doch wir verstehn es nicht.
Sie haben Herzen, die begreifen jede Hand, die gibt,
und öffnen sich dem, der sich zeigt und ihnen Liebe gibt.

Sie sind das Wasser und die Kraft, doch wir beugen sie.
Die Kraft, die neues Leben schafft, doch wir beschneiden sie.
Sie haben Augen, die können viele Sonnen sehn,
doch wer sie bricht, der wird in ihnen seinen Schatten sehn.

Sie sind der Boden, der uns trägt, doch wir belächeln sie.
Das Grün, das aus den Zweigen schlägt, doch wir zerbrechen sie.
Sie sind die Zukunft, doch wir sperren ihre Träume ein
und sehen fassungslos, aus unsern Mauern stammt der erste Stein.

Jedes Kind braucht einen Engel,
der es schützt und der es hält.
Jedes Kind braucht einen Engel,
der es auffängt, wenn es fällt.

WENN DU GEHST

Text: M. Ball/J. Wiedemann
Melodie: J. Wiedemann, 1994

1. Wenn du gehst, ge – he mu – tig vo – ran und ge – he ganz oh – ne Angst, denn er geht dir ent – ge – gen. Da – rum ge – he, ge – he, ge – he, denn er geht, geht, geht mit dir.

2. Wenn du stehst, stehe aufrichtig ein
und stehe auf eignem Fuß,
denn er steht dir zur Seite.
Darum stehe, stehe, stehe,
denn er steht, steht, steht dir bei.

4. Wenn du rufst, rufe laut in die Welt
und rufe voll Freude aus,
denn er ruft: Ich bin bei dir!
Darum rufe, rufe, rufe,
denn er ruft, ruft, ruft dir zu.

3. Wenn du schaust, schaue neugierig hin
und schaue bis auf den Grund,
denn er schaut dich auch dort an.
Darum schaue, schaue, schaue,
denn er schaut, schaut, schaut auf dich.

5. Wenn du hörst, höre ganz genau hin
und höre auf Ton und Klang,
denn er hört auch dein Schweigen.
Darum höre, höre, höre,
denn er hört, hört, hört dir zu.

WIE ELTERN DIE TAUFE MITGESTALTEN KÖNNEN

Die Tauffeier ist eine Feier der Kirche und der Menschen, die für Ihr Kind um das Sakrament bitten. Der Taufritus ermöglicht es, die Feier auf die Interessen und Bedürfnisse der einzelnen Familie bzw. der Gruppe der Familien, die gemeinsam Taufe feiert, abzustimmen. Innerhalb der Erläuterung des gesamten Taufritus haben wir an verschiedenen Stellen auf solche Möglichkeiten hingewiesen. Hier sind alle Varianten auf einen Blick zusammengestellt.

Vorbereitung der Tauffeier
✤ Individuelle Einladungen an alle, die zur Tauffeier kommen
✤ Gestaltung des Taufkleides:
  Klären, ob es ein Taufkleid der Großfamilie gibt, in dem alle bisher geborenen Kinder getauft wurden; Gestaltung des Namens auf dem Taufkleid
✤ Gestaltung der Taufkerze mit Taufsymbolen und/oder dem Namen des Kindes und dem Taufdatum
✤ Auswahl einer Erzählung aus der Heiligen Schrift
✤ Auswahl von Liedern
✤ Auswahl oder eigene Formulierung von Fürbitten
✤ Einen Taufspruch auswählen

Während der Tauffeier
✤ Begrüßung aller Anwesenden nach dem liturgischen Gruß durch den Taufenden
✤ Begrüßung der Paten und eine Aussage, weshalb Sie diese Paten gewählt haben
✤ Erläuterung, warum Sie für Ihr Kind diesen Namen gewählt haben, verbunden mit Hinweisen auf den Namenspatron, die Namenspatronin
✤ Vortragen der Schriftlesung
✤ Bezeichnung des Kindes mit dem Kreuz; daran können sich auch Geschwister oder andere Verwandte und Freunde beteiligen
✤ Die bereits getauften Kinder können ihre Taufkerzen mitbringen und ebenfalls entzünden

DER TAUFSPRUCH – ZUSAGE FÜR DAS LEBEN

Eltern wählen für ihr Kind gern einen Taufspruch aus.
Dieses Wort wird es auf seinem Lebensweg immer wieder begleiten.
Hier haben wir eine kleine Auswahl zusammengestellt:

Ich habe dich bei deinem Namen gerufen,
du bist mein.
JESAJA 43,1

Gott ist mein Hirte,
nichts wird mir fehlen.
PSALM 23, 1

Du stellst meine Füße auf
weiten Raum.
PSALM 31,9b

Wer aber von dem Wasser trinkt,
das ich ihm gebe,
wird niemals mehr Durst haben.
JOHANNES 4,14

Mit meinem Gott
überspringe ich Mauern.
PSALM 18,30

Sie können zusammen mit Ihren Paten überlegen, welchen Taufspruch Sie Ihrem Kind mit ins Leben geben möchten. Bei der Tauffeier wird Ihrem Kind sein »Wort fürs Leben« zugesagt. Taufsprüche mit Erläuterungen finden Sie auch im Internet unter: www.taufspruch.de.

Wie Christus von den Toten
auferweckt wurde,
so sollen auch wir
als neue Menschen leben.
RÖMERBRIEF 6,4

Siehe, ich bin bei euch alle Tage
bis ans Ende der Welt.
MATTHÄUS 28,20

CHRIST WERDEN UND CHRIST BLEIBEN

Ihr Kind ist getauft, damit ist ein Anfang gemacht. Gott liebt Ihr Kind und wendet sich ihm zu. Jetzt kommt es darauf an, dass es in die Beziehung zu Gott hinein-wachsen kann. Das ist leichter, als Sie vielleicht vermuten. Sobald Sie als Mutter und Vater für das Kind sorgen, es stillen, baden, wickeln und tragen, mit ihm spielen und ihm die Welt zeigen, macht Ihr Kind bereits viele Erfahrungen, die es auf die Beziehung mit Gott vorbereiten. Es lernt staunen und fragen, danken und loben und wird so auf eine Spur gesetzt, die es bei Gott bleiben lässt.

Sich als Eltern zeigen

Damit Gott für Ihr Kind ein Gesicht bekommen kann, ist es hilfreich, wenn Sie Ihr Kind ganz einfach in Ihr eigenes Leben mit Gott hineinnehmen. So unter-schiedlich oder auch bruchstückhaft Ihre Erfahrungen sind, geben Sie Ihrem Kind Anteil daran. Erzählen Sie ihm Geschichten aus der Bibel, feiern Sie die Zeiten und Feste des Kirchenjahres, wie Advent und Weihnachten, Ostern oder Erntedank und St. Martin. Beten Sie mit und für das Kind und nehmen Sie es mit zum Gottesdienst.

Die Taufe lebendig in Erinnerung halten

Eine gute Möglichkeit, das Bewusstsein für die Taufe in der Familie lebendig zu halten, ist die Erinnerung an die Taufe beim Tauftag und beim Namenstag. Die Taufkerze bei den Mahlzeiten auf dem Tisch erinnert dann als sinnfälliges Zeichen an den damaligen Festtag. Sie können zusammen mit Ihrem Kind Fotos von der Taufe anschauen und erzählen, was Sie von der Tauffeier noch in Erinnerung haben, was Sie dabei empfunden haben. Vielleicht möchten Sie Ihr Kind auch gern segnen – durch das Kreuzzeichen auf die Stirn oder eine andere Geste.

Christlich erziehen heißt für das Leben stärken

Christliche Erziehung ist kein »Sonderfall« von Erziehung. Eltern wollen, dass ihr Kind zu einem Menschen heranwächst, der sein Leben bejaht und eigenständig führt. Entfaltung der Persönlichkeit und selbstbewusste Eigenständigkeit, das entspricht ganz den bei uns üblichen allgemeinen Erziehungszielen. Daher heißt christlich erziehen: für das Leben stärken. Als Besonderheit kommt hinzu, dass die Entwicklung des Menschen, Ihres Kindes, mit dem Ja Gottes zur Welt in Verbindung gebracht wird. Genau dieses Ja Gottes hat in der Taufe seinen Ausdruck gefunden und setzt sich jetzt in vielerlei Formen fort. Sie als Eltern vermitteln eine Weltsicht, in der Gott mit vorkommt, und Sie unterstützen Ihr Kind bei dieser »Entdeckungsreise«.

Niemand steht allein da

Erziehung als »sich zeigen« zu verstehen und zu praktizieren, kann anstrengend sein. Sich in solchen Zeiten mit anderen Menschen zusammenzutun und auszutauschen, die ähnliche Erfahrungen machen, hilft uns schon im Alltag vielfach. Christen wissen um das Verbindende im Glauben und leben ihren Glauben vorrangig in Gemeinschaft. Die erste Gemeinschaftsform sind Sie als Vater und Mutter, Sie als Familie, eventuell mit Ihren weiteren Kindern. Genauso gehören Großeltern oder andere Verwandte, und besonders die Paten, die Sie gewählt haben, zu dieser Gemeinschaft dazu. Darüber hinaus bieten sich in den Gemeinden ganz unterschiedliche Kontaktmöglichkeiten.

Gemeinde – ein Raum zum Leben

Vielleicht haben Sie ja bereits die Taufvorbereitung als Taufgespräch mit anderen Eltern oder zumindest die Taufe als Feier mit mehreren Familien erlebt. Diese Kontakte können Sie weiter pflegen beziehungsweise auf das Angebot der Gemeinde zur Fortführung solcher Gespräche eingehen. Wenn dies nicht als direkte Fortsetzung möglich ist, so fragen Sie nach, wo es in der Nähe eine Krabbelgruppe gibt, in der sich vornehmlich Mütter bzw. Eltern mit ihren Kleinkindern treffen. Zwanglos ergeben sich dabei viele Gespräche und Kontakte der Mütter und Familien untereinander. Kirchengemeinden stellen vielfach ihre Gemeinderäume dafür zur Verfügung.

Manchmal hilft etwas zum Lesen

Unterstützung und direkter Kontakt in Krabbelgruppen oder später in einer Familiengruppe passen nicht immer zum eigenen Lebensrhythmus. Möglicherweise unterstützen dann neben anderer guter Literatur auch die »Elternbriefe – du und wir«. Diese Briefe, herausgegeben im Auftrag der Deutschen Bischofskonferenz, begleiten über einige Jahre den Entwicklungsweg des Kindes und der Familie. Sie werden in halbjährlichen Abständen kostenlos zugeschickt und geben immer wieder Anregungen zur christlichen Erziehung. Wenn Sie diese nicht über das Pfarramt – eventuell auch nachfragen – zugeschickt bekommen, so können Sie diese direkt anfordern *Elternbriefe – du und wir e.V., Internet: http://www.elternbriefe.de.*

Christ bleiben ist ein faszinierender Weg

Ganz gleich, welche Kontaktmöglichkeiten Sie nutzen: Christ werden und Christ bleiben ist eine faszinierende Geschichte. Ihr Kind wird Sie einiges fragen, auf das Sie nicht sofort eine Antwort geben können. Manche Fragen lassen sich auch nie abschließend beantworten. Dadurch bleibt der Weg des Christwerdens nach vorne offen. Und genau darauf kommt es an: nicht den Glauben zu besitzen, sondern im Glauben und im Miteinander mit einer Hoffnung unterwegs zu sein.

Für diesen Weg wünschen wir Ihnen Geduld und eine gute Begleitung durch die Gemeinde, in der Sie leben.

DURCH DAS JAHR– DURCH DAS LEBEN
Christliches Hausbuch für die Familie
Kösel, München 2006

Das Buch begleitet Mütter und Väter, Töchter und Söhne, Kinder und Jugendliche, Großeltern und Jungverheiratete. Es bietet christliche Lebenshilfe für den Alltag.
Es stärkt den Zusammenhalt von Familien, lädt zur Entdeckung alter Bräuche und zur Teilnahme am kirchlichen Leben ein: Rituale für den Alltag – Christliche Grundgebete – Den Sonntag feiern – Namensfeste und Bräuche im Jahreskreis – Advents- und Weihnachtszeit – Fastenzeit und Ostern – Sakramente. Das Buch führt durch den Tag und durch die Woche und greift zentrale Themen des Lebens auf.

Claudia Pfrang/Marita Raude-Gockel, illustriert von Gabriele Hafermaas
DAS GROSSE BUCH DER RITUALE
Den Tag gestalten – Das Jahr erleben – Feste feiern. Ein Familienbuch
Kösel, München, Neuausgabe 2007

Ein wunderschön gestaltetes Buch für den Familienalltag mit 3- bis 12-jährigen Kindern; ansprechend illustriert, mit Liedern, Geschichten, Gedichten, Informationen und jeder Menge Anregungen zum kreativen Gestalten und Spielen in der ganzen Familie. Mit diesen Impulsen geht es um drei Zeiträume, den einzelnen Tag bzw. die Woche, das Kirchenjahr mit den besonders geprägten Zeiten Advent/Weihnachten und Fastenzeit/Ostern bis hin zum Jahreskreis und letztlich zur Lebenszeit, vorrangig mit den Festen, die innerhalb einer Familie mit heranwachsenden Kindern erlebt werden.

Ulrike Mayer-Klaus
ZUSAMMEN WACHSEN. RITUALE FÜR FAMILIEN
Schwabenverlag, Ostfildern 2006

Den Alltag mit Kindern bewusst erleben, achtsam werden für das, was die einzelnen Familienmitglieder bewegt, in den geprägten Zeiten des Jahres wie an einschneidenden persönlichen Ereignissen – dazu laden die vorgestellten Rituale ein. Den Alltag bewusst unterbrechen, damit lebendige Beziehungen wachsen können, dazu lädt das Buch ein.

Albert Biesinger, Andrea Wohnhaas (Hg.)
DAS GROSSE BUCH DER ELTERNSCHULE
Schwabenverlag, Ostfildern 2008

Mache ich alles richtig? Was ist gut für mein Kind? Welche Werte vertreten wir? Warum läuft es nicht so, wie ich es gerne hätte? – Diese Fragen begleiten Mütter und Väter bei der Erziehung ihrer Kinder. Die AutorInnen des Sammelbandes ermutigen zu einem gelingenden Miteinander in der Familie und zwischen den Generationen sowie zu einer Gestaltung des Lebens aus dem christlichen Glauben heraus.

Inge Bosak, Thomas Raiser, Ilena Silva Werner
FORZA PULCINI! AUF, KÜKEN!
I primi tre anni de vita – Die ersten drei Lebensjahre
Schwabenverlag, Ostfildern 2008

Wie können wir die Entwicklung und Bildung unseres Kindes bewusst fördern? Dieses kleine, deutsch-italienische Buch sagt, was von Anfang an wichtig ist. Mit Impulsen für Spiel und Entwicklung, Gesundheit und religiöse Erziehung hilft es, dass Eltern ihr Kind noch besser verstehen.

Gott ist mein Hirte, nichts wird mir fehlen.
Gott lässt mich ruhen, wo es grün ist,
und führt mich zum Wasser der Stille.
Gott bringt mir die Seele zurück,
leitet mich auf rechten Wegen und bleibt seinem Namen treu.
Und muss ich auch wandern in finsterer Schlucht,
ich fürchte kein Unheil, denn du bist bei mir,
dein Stab, deine Stütze, die trösten mich.
Du deckst mir den Tisch vor den Augen meiner Feinde,
du streichst mich ein mit kostbarem Öl,
du schenkst mir den Becher voll ein.
Nur Güte und Achtung werden mich begleiten
alle Tage meines Lebens.
In deinem Haus darf ich wohnen für alle Zeit.
Psalm 23

BILD- UND TEXTNACHWEIS

Abbildungen

S. 4, 7, 9, 19: Oscar Poss, Siegsdorf; **S. 13:** DIDYMOS (Kundenfoto), Ludwigsburg; **S. 14:** Shutterstock/Miodrag Gajic; **S. 16:** Nicole und Tobias Haas, Wernau; **S. 20, 40/41:** Armin Köhler, Vaterstetten; **S. 23, 69:** Getty Images, München: Stone/Gary Vestal; Glowimages; **S. 27:** Ulrike Schneiders, Breitbrunn/Chiemsee; **S. 30/31, 44/45, 46/47:** Meinrad Grammer, Ergenzingen; **S. 33:** Hans-Jörg Karrenbrock, A-Sankt Nikolai; **S. 38, 50–52:** Ingeborg Neef, Ergenzingen; **S. 67:** Giotto di Bondone, um 1266–1337, Ausschnitt: Engel von der Mandorla Christi. Fresko, ca. 10 x 8,4 m. Padua, Arenakapelle © Foto: akg-images, Berlin/Cameraphoto; **S. 74:** Familienkreis Ergenzingen; **S. 78/79:** Karl-Heinz Nill, Bodelshausen; **Alle anderen Fotos:** Petra Gieseler, Bondorf

Texte und Lieder

S. 7: Die erste Stunde, Reinhard Mey, aus: Taschenbuch Alle Lieder. Edition Reinhard Mey, Berlin; **S. 13:** Grit Ball, Mössingen. Rechte bei der Autorin; **S. 17, 31, 46, 47:** Matthias Ball, Mössingen; **S. 61:** Effata – Öffne Dich. Text und Melodie: Franz Kett, aus: Religionspädagogische Praxis, Handreichung für elementare Religionspädagogik, Jg. 1987, Nr. IV, **S. 21** © RPA-Verlag GmbH, Landshut; **S. 66:** Jedes Kind braucht einen Engel. Liedtext: Klaus Hoffmann © Verlag Klaus Hoffmann, Gießen; **Alle liturgischen Texte:** © Deutsches Liturgisches Institut e.V., Trier

Umwelthinweis: Dieses Buch wurde auf chlor- und säurefreiem Papier gedruckt.

4. Auflage
Copyright © 2009 Kösel-Verlag, München,
in der Verlagsgruppe Random House GmbH
Umschlag: Kaselow Design, München
Umschlagmotiv: Oscar Poss, Siegsdorf
Innenlayout und Herstellung: Armin Köhler, Vaterstetten
Druck und Bindung: Polygraf Print, spol s.r.o., Prešov
Printed in the Slovak Republic
ISBN 978-3-466-36901-0

Weitere Informationen zu diesem Buch und unserem gesamten lieferbaren Programm finden Sie unter
www.koesel.de